U0446383

海外调研集萃

Overseas Research Collection

第 ① 辑

主 编／赵 芮 赵远良
副主编／张 淼 邵 峰

中国学者观世界（2020年）
Chinese Scholars' View of the World

中国社会科学出版社

图书在版编目（CIP）数据

海外调研集萃. 第1辑/赵芮，赵远良主编. —北京：中国社会科学出版社，2020.4

（中国学者观世界）

ISBN 978-7-5203-6295-5

Ⅰ. ①海… Ⅱ. ①赵…②赵… Ⅲ. ①世界经济—研究②国际政治—研究 Ⅳ. ①F112②D50

中国版本图书馆CIP数据核字（2020）第059240号

出 版 人	赵剑英
责任编辑	范晨星
责任校对	夏慧萍
责任印制	王　超

出　　版	中国社会科学出版社
社　　址	北京鼓楼西大街甲158号
邮　　编	100720
网　　址	http://www.csspw.cn
发 行 部	010-84083685
门 市 部	010-84029450
经　　销	新华书店及其他书店

印　　刷	北京明恒达印务有限公司
装　　订	廊坊市广阳区广增装订厂
版　　次	2020年4月第1版
印　　次	2020年4月第1次印刷

开　　本	710×1000　1/16
印　　张	11.5
字　　数	151千字
定　　价	58.00元

凡购买中国社会科学出版社图书，如有质量问题请与本社营销中心联系调换
电话：010-84083683
版权所有　侵权必究

目　录

绪论：把握复杂世界的确定性
……………………………………………赵远良　张　淼　1

"一带一路"调研与分析

"一带一路"背景下中国与希腊合作的进展
　　——希腊学术访问的收获
………………………………………鲁　桐　欧阳向英　9

如何进一步扩大与埃及、沙特的经贸合作？
　　——"丝路万里行"之埃及、沙特调研收获
………………………………王永中　万　军　周伊敏　17

中亚两国视角下的"一带一路"倡议
　　——参加吉尔吉斯斯坦、塔吉克斯坦国际会议的思考
………………………………………………………欧阳向英　25

中欧"一带一路"合作中的关注点分析
　　——第二届巴黎"一带一路"论坛总结
…………………………………………………………魏　蔚　32

西巴尔干地区建设"一带一路"的进展分析
　　——塞尔维亚、克罗地亚、黑山三国调研体会
…………………………………………………………田　旭　40

北极事务合作模式与开发"冰上丝绸之路"
　　——推进东北亚国家合作与交流的几点感想
　　　　　　　　　　　　　　　　　　　　　　　王志芳　48

海外中资企业面临的挑战与应对
　　——以中资企业的缅甸莱比塘铜矿项目为例
　　　　　　　　　　　　　　　　　　　　　　　孙西辉　56

非洲国家发展与治理模式取向及对华认知
　　——赴乌干达、尼日利亚调研感受
　　　　　　　　　　　　　　　　　　　　　　　赵晨光　64

区域合作调研与分析

东北亚地区安全形势评估与展望
　　——俄罗斯"东北亚稳定与核问题"会议综述
　　　　　　　　　　　　　　　　　　　　　　　邹治波　75

加强中国与澜湄五国农业合作的政策建议
　　——老挝万象国际农业合作会议综述
　　　　　　　　　　　　　　　　　　　　　　　倪月菊　83

欧洲学者眼中的中欧关系和世界经济
　　——出访波兰、德国、意大利三国感想
　　　　　　　　　　　　　　　　　　　　　　　苏庆义　91

亚太战略、中美经贸与APEC前景
　　——来自美国夏威夷东西方中心的观点
　　　　　　　　　　　　　　　　　　　　　　　张　琳　99

新形势下加强中德全球治理合作的建议
　　——赴德国学习交流的收获
　　　　　　　　　　　　　　　　　　　　刘玮　刘宸　106

目　录

进一步推进中国与葡语三国的合作
　　——对几内亚比绍、佛得角和葡萄牙的调研分析
　　　　………………………………………… 宋　爽　114

中日合作：从高速向高质量发展转型
　　——赴日本札幌参会感想
　　　　………………………………………… 熊婉婷　122

中国企业在越南面临的问题与对策
　　——赴越南调研的感想
　　　　………………………………………… 邓应文　130

创新发展调研与分析

中日应适时开发数字货币跨境支付体系
　　——"区域金融合作与金融稳定"国际研讨会综析
　　　　………………………………… 刘东民　陆　婷　139

全球治理及金融协作、监管
　　——T20"全球经济治理"年会之观察
　　　　………………………………………… 宋　锦　147

法定数字货币的发展及中国应对
　　——国际电信联盟法定数字货币会议调研总结
　　　　………………………………… 宋　爽　刘东民　155

IMF改革的方向与争议
　　——T20国际金融架构工作组研讨会调研综述
　　　　………………………………………… 熊爱宗　163

油气行业转型的关键：绿色低碳与数字化
　　——伦敦国际石油周会议调研与总结
　　　　………………………………… 王　震　林晓红　171

绪论：把握复杂世界的确定性

当今世界正处于新一轮的大发展、大变革和大调整阶段，其具体表现是大国战略博弈日益加剧，国际社会中的新问题、新挑战层出不穷，世界不确定性、不稳定性因素明显增多。从总体来看，国际体系和国际秩序已经进入了深度的调整期。基于对世界潮流与大趋势的敏锐洞察和深刻分析，习近平总书记提出了"世界处于百年未有之大变局"的重大理论论断，为我们理解和厘清"世界向何处去"这个问题指明了方向。因此，深刻理解和把握这个"大变局"的内涵，有助于我们在复杂的世界变局之下更好地维护并构建中国可持续发展的战略机遇期，更好地应对中国面临的各类风险和挑战。

世界政治与经济格局之所以发生重大变革，其主要原因在于人类社会发展过程中所具有的复杂性和不确定性。可以说，复杂性和不确定性日益成为国际社会发展的重要内容。进入21世纪，世界正在走向多极化，不确定性因素也日益增多，这使得世界各国不得不对其内在和外在的风险进行防范与管理。导致这种不确定性的原因来自诸多方面：它可能来自于与美国相关的"逆全球化"战略取向，或来自于新兴市场国家群体性崛起而导致的国际力量对比失衡，或来自于与宗教相关的政治极端化问题，或来自于与贫富差距相关的民粹主义问题，也或来自于与第四次工业革命相关的技术竞争白热化问题等。总之，不确定性与复杂性是当今世界政治的一个显著特征。

因此，在纷繁复杂的世界中，如何判断并把握复杂世界的确定性就显得尤为重要，因为把握住了事物发展的确定性因素，也就意味着把握住了事物发展的大致规律，我们就可以顺应和利用这些规律来发展壮大自己。从总体上看，中国的和平发展是当今世界最大的稳定性因素与确定性方向，理由如下：中国是世界经济增长的主要稳定器和动力源、中国在未来将为国际社会提供更多公共产品、中国全方位对外开放将继续为各国分享"中国红利"创造更多机会、中国发展可以为其他发展中国家提供经验和借鉴、中国绝不走"国强必霸"的路子、中国将以自身发展促进世界和平与发展、中国将会继续与世界在联系互动中促进自身的发展。总之，中国的发展道路是明确且坚定的，即始终做世界和平的建设者、全球发展的贡献者、国际秩序的维护者。

面对世界不确定因素的挑战，如何从不确定性中发现规律，进而把握其规律？这需要我们从宏观和微观两方面对国际政治与经济问题进行深入研究和分析，厘清其复杂表象，探寻出它们的本质内涵。在这个过程中，调查研究就是一把分析问题并发现规律的金钥匙。

对国际政治与世界经济的研究者而言，采取各种形式对相关热点国家和经贸问题进行调研，在了解相关信息和实际情况的基础上，做出客观理性的判断。如果还能为相关部门提供科学合理的政策建议，发挥智库建言献策的作用，这将是一件令人愉悦的事情。毕竟，调查研究是谋事之基、成事之道。古人云，读万卷书不如行万里路，说的就是这个道理。随着中国特色社会主义进入新时代，我国智库建设进入了繁荣发展的新阶段，其主要特点是强调理论研究与实际调研相结合，重视国际视野和中国议题相结合，倡导学术研究与对策建议相结合。

中国社会科学院世界经济与政治研究所作为重要的学术研究

机构和重要智库，在中国经济政策、世界经济领域以及中国外交政策等领域有较强的学术影响力和政策影响力。在国际交往方面，中国社会科学院世界经济与政治研究所一直与世界许多国家和地区的相关研究机构保持着广泛的学术交流与合作关系，经常举办各类国际学术研讨会，这为中国学者观世界、调研国外经济与政治议题提供了平台和机会。学者们通过参与国际会议与交流、参观访问他国、在国外主持项目等方式进行学术调研活动，进而能从国际层面上进行横向或纵向的梳理、比较和总结，促进其科研水平的进步。此外，学者们还将自己在海外调研过程中的所悟、所感以及在交流合作中获得的智识，在笔下形成文字，提出政策建议，旨在能更好地服务于国家和社会的发展需要。

在2019年，我们迎来了中华人民共和国成立七十周年，也举办了第二届"一带一路"国际合作高峰论坛。历经40年风雨，中国的对外开放在取得伟大成就的同时，也面临着来自国际社会的一系列考验，牵动着全球目光，影响着世界格局。面对世界百年未有之大变局，在国际体系转型的背景下，中国特色大国外交尤其是周边外交如何应对各种挑战与风险，中国周边国际环境会如何演化，如何引领"一带一路"建设迈入高质量发展新阶段，如何实现新时代大国关系的良性互动等一系列问题，都迫切地需要我们新时代哲学社会科学研究人员去发掘、去思索、去探讨、去解决。

作为世界经济与政治研究所重要的智库参考类刊物，《世界经济调研》杂志秉承初心、立足调研，一直以来倡导调研与求是之风，致力于学理性与实践性相结合。本刊在参考世界经济与政治研究所及部分院外优秀研究人员出访或海外调研报告的基础上，甄选出具有现实指导意义、政策参考价值的优秀文章，打磨精炼成20多篇调研专稿，旨在将调研过程中得到的收获以第一视角的方式呈现出来，并进行分析、评估和总结，就相关议题提出建议，进一步促进中外合作交流与互动。

本书各篇章的作者基本以中国社会科学院世界经济与政治研究所的研究人员为主。在考虑调研议题的博采众长、成书内容的开放包容、学者研究的线面结合等方面因素后，本书还吸收了相关其他机构或智库学者们的优秀调研文章，共分为3个调研专题，分别聚焦"一带一路"议题、区域合作议题和创新发展议题。

在"一带一路"调研与分析这个专题中，学者们认为，"一带一路"倡议获得了沿线国家广泛认可，其具体表现为：与中国签署"一带一路"合作文件的国家有137个、国际组织有30个。本书还主要关注了"一带一路"倡议下的中欧合作及"一带一路"建设在非洲的进展情况。中国与欧盟已建交44年，双方互为全面战略合作伙伴，2019年举行的第21次中欧领导人会晤取得了丰硕成果，使中欧关系又迎来一个新的机遇期。当前欧洲国家的发展亟须外部经济体的合作与支持，欧洲对"一带一路"的关注和热情持续升温，中欧双方在"一带一路"框架下的合作对接正在不断走深、走实，"一带一路"合作将为中欧关系高质量、高水平的发展注入动力。

全球经济一直处于不断发展之中，但这种发展并不均衡，非洲国家依然大幅落后于全球平均水平，非洲国家错失了很多重要的发展机会，但现在这种状况正在发生改变。伴随着"一带一路"倡议在非洲的展开，中非在产业产能、基础设施领域的合作取得了重要进展。中非经贸合作提质增效、高质量发展，为非洲经济带来了持久发展动力，助力非洲的和平稳定、民生发展与社会繁荣，中非共建"一带一路"将实现合作共赢。

在区域合作调研与分析专题中，学者们认为，在当今全球经济增长乏力、保护主义抬头的大背景下，如何维护多边主义和自由贸易、推动区域合作备受关注。随着美国对华战略的调整，中国开展区域合作所面临的国际环境变得更为复杂，但与此同时，我们也应看到，这既是挑战，也是重要的机遇。中国通过自身持续的努力，在政治上追求和平发展，在经济上倡导互利合作，逐步树立起国际社会可以信赖的、负责任的大国形象，中国成为维护世界和平，促进全球经济发展的中流砥柱。

中国与相关国家的区域经济合作深入发展，"一带一路"建设在这些地区稳步推进。在周边，中国和东盟已经达成《中国—东盟战略伙伴关系2030年愿景》，其中的澜湄合作是我国推进周边外交的重要创举，已经成为共建"一带一路"进程中次区域合作的典范。在欧洲，中欧之间存在很多合作领域，比如在"一带一路"框架下的投资和基础设施建设，可以共同应对美国给世界经济带来的冲击。在中东，中国正以能源合作为抓手，综合运用对外贸易、基础设施建设、产业投资、金融合作等多种方式与相关国家开展区域合作。

在创新发展调研与分析专题中，学者们认为，创新是引领发展的动力，我国已明确提出科技创新是提高社会生产力和综合国力的战略支撑，必须摆在国家发展全局的核心位置。本书的创新发展调研与分析专题关注的是国际合作领域的创新，具体包括三个方面：

其一是对数字货币的讨论。数字经济的蓬勃发展使得数字货币成为长期的趋势性货币，由美国主导的跨境支付体系体现了更多的垄断性和霸权的工具性，难以保障广大发展中国家的权益。当前，中日双边关系正处于较为良好的时期，有学者认为中日可以合作开发基于数字货币的新型跨境支付体系，共同维护双方在全球跨境支付体系改革中应当拥有的利益。此外，还有学者认为，中国还应鼓励民营企业和金融机构开发数字"丝路币"、研发央行数字货币，以便在新一轮国际货币竞争中占领先机。

其二是对全球治理的分析。中国社会科学院世界经济与政治研究所曾于2016年中国担任G20轮值主席国期间，作为牵头机构协调了"智库20"(T20)的系列活动。2019年,T20合作关注全球经济治理及国际货币基金组织(IMF)改革等全球性议题,致力于承担G20思想库的角色。

其三是对能源合作的建议。有学者认为,天然气在今后的能源结构中将发挥更大的作用,而"一带一路"沿线国家油气资源禀赋高,与中国的能源需求非常契合,这有利于"一带一路"合作的深入推进与开展。

梳理一下,前文主要介绍了本书辑成的时代背景、出版的初衷以及各调研报告甄选的原则,分析了本书在形式和内容上的主要特点,还对全书内容做了简要的综述和评论,旨在起到引导阅读的作用。当然,各位学者们在本书中的真知灼见,还有待读者朋友们在进一步阅读中去发现。可以说,将学者们在海外调研中形成的所感、所思、所悟记录下来,以调研报告的方式呈献给大家,在一定程度上也为读者朋友们打开了一扇了解世界、解读世界的别样之窗,这也是我们编辑并推出此书的初衷之一。

最后,在本书付梓之际,作为本书的编辑者,我们要感谢中国社会科学院世界经济与政治研究所各位领导对本书出版的大力支持,感谢中国社会科学出版社与我们多年的精诚合作。此外,我们还要特别感谢本书中各调研报告的撰写者,因为他们才是本书具体内容和知识的生产者。让我们共同努力,把中国学者观世界之"海外调研集萃"系列图书做得更好。

执笔人:赵远良 张 淼
2019年12月于北京

"一带一路"调研与分析

"一带一路"背景下中国与希腊合作的进展

——希腊学术访问的收获

本文要点：希腊是连接亚欧的重要国家，在"一带一路"倡议合作中具有重要地位。中希合作有着良好的政治基础和经济基础，发展前景广阔。如何开展"一带一路"背景下的中希合作？本文认为，中希可提升为全面战略合作伙伴关系，加强旅游和文化交流，扩大交通运输领域成果。与此同时，由于受到希腊外债高企、潜在经济风险、当地政局和利益集团等因素的影响，中企在希腊经营须注意规避风险。

一　访问经过与交流结果

（一）亚里士多德大学

在亚里士多德大学商学院，笔者与"一带一路"欧盟国家旅游合作的希腊负责人斯特拉教授进行了会谈。斯特拉教授多次到访中国，在亚里士多德大学与中国社会科学院的交流项目中发挥了重要作用。在介绍了"一带一路"欧盟国家旅游合作的进展情况后，关于"一带一路"框架下的中希合作，斯特拉教授认为，一方面，中国和希腊都是有着悠久历史文化的文明古国，两国的相互尊重是双方合作的深厚基础。希腊新上台的左翼政府十分重视发展经济，**中国的"一带一路"倡议对希腊而言是重要的发展机会**，因此得到了希腊政府的积极响应。另一方面，由于两国经济实力悬殊，斯特拉教授认为，与中国这样一个大国打交道，希腊人也存在疑虑心理，因此在中希合作中也存在部分其他不同的声音。斯特拉教授还指出，通过多种渠道加强两国之间的沟通十分重要，可以考虑举行小型研讨会来加强学者之间的学术交流。

在亚里士多德大学国际部，笔者与其主任海伦女士进行了友好交流，她热情地介绍了大学的设置和大学正在筹备建立孔子学院的情况，预计在2020年1月将举行孔子学院的揭牌仪式并举办研讨会。

亚里士多德大学经济学院的瓦西利斯教授是研究金融科技的专家，有在美国长期的教学研究经历。在谈到希腊经济状况时，瓦西利斯教授认为，自2008年金融危机以来，希腊陷入了严重的债务危机中，经济受到沉重打击，至今也没恢复元气，只是比危机中最差的时期略好些。目前，希腊的债务不仅没有减少，反而还有增加，进入恶性循环无法自拔。希腊的国债占GDP的比重高达185%，是世界上仅次于日本的第二大债务国。希腊经济结构单一，偿还外债的能力有限。欧盟对希腊的救助计划虽不能说失败，但因操之过急，没有给希腊经济恢复的时间。在问到如何评价中希"一带一路"合作项目和前景时，瓦西利斯教授认为，**中希合作有着良好的政治、经济基础，发展前景广阔，比雷埃夫斯港就是一个成功的典型代表**。他同时指出，**中方在希腊的经营项目应该对项目进展情况加大宣传力度**，进而赢得普通老百姓的信任和理解。这一点非常重要，目前中方是做得多，说得少。因为中资企业在希腊收购港口的举措，如果希腊民众不了解情况，会让其造成误会，甚至会受到当地工会的阻挠，影响企业的经营。

（二）拉斯卡里德斯基金会

拉斯卡里德斯基金会由希腊"船王"家族成立，主要致力于扶贫、教育、职业培训和促进学术交流活动等。拉斯卡里德斯现任欧盟船东协会主席，在航运业有较高的威望，并与欧盟和希腊的领导层有着密切的关系。拉斯卡里德斯的海运业务与中国有着广泛的联系，其拥有的90条集装箱船中，有40条是由中国公司建造的。据基金会行政负责人介绍，中国社会科学院与基金会刚签署了合作备忘录，相信在不远的将来，中国社会科学院与该基金会将通过更多方式加强沟通与交流。

（三）中远海运比雷埃夫斯港

在雅典，笔者访问了比雷埃夫斯港，并与中远海运比雷埃夫斯港的中方负责人进行了交流。比雷埃夫斯是希腊东部的海上门户，作为欧盟离远东最近的港口，在联通大西洋、印度洋、黑海中具有重要战略地位。就重要的地理位置及希腊经济中心南下发展的趋势而言，比雷埃夫斯港将成为重要的集装箱转运中心。

自2016年中远集团收购67%股份以来，其集装箱吞吐量的全球排名从并购时的第93位跃居到第36位，成为中国"一带一路"倡议中的一颗明珠，也是中国在欧洲的一张名片。当问到中国国有企业在"一带一路"中的作用和优势时，中方经理认为，**中国**

政治的稳定性和国企政策的连续性为比雷埃夫斯港项目的建设奠定了强大基础。与此同时，比雷埃夫斯港因其重要的战略地位和经济地位，受到欧盟的影响较大，在合作中也受到欧盟的制约，导致有些深层次合作出现阻碍。另外，希腊的利益集团在一定程度上也会影响比雷埃夫斯港的运营状况和未来发展。

（四）国家能源集团欧洲新能源控股公司

笔者此次访问，得到了国家能源集团的大力支持，并与其欧洲新能源控股公司的中方负责人进行了交流。就合作项目而言，**希腊是国家能源集团参与"一带一路"倡议的重点领域**。欧洲新能源控股公司与希腊合作方签署了收购色雷斯4个风电项目75%股权的收购协议，目前已完成两个项目的交割。本次收购的风电项目位于希腊东北部山区，年发电量为1.8亿度，已实现当年投资当年盈利。

在谈到在希腊投资经营的风险时，公司负责人认为**主要的风险有三个方面**：一是**政治风险**。希腊与中国政府关系友好，但希腊也是欧盟和北约成员国，受后者的影响不容忽视。二是**合规风险和劳工用工风险**。希腊的人文、宗教和文化环境与中国国内有较大差异，加上在希腊语言上的障碍，当地工会势力强大，存在劳工政策等方面的法律风险。三是**安全环保风险**。

为了规避上述风险，欧洲新能源控股公司采取了积极应对措施，在合规经营、用工等方面最大限度地提升公司应对风险的能力。例如，在日常运营中，选聘有经验的法律专家服务，严格按照当地的运营要求照章办事。遇到有意向的合作项目，公司通过专业公司调查信息，协助谈判，多方求证。对于目前已交割的两个项目，公司通过委托外方股东及管理人员进行管理，中方管理人员逐步嵌入管理程序的方式，收到了事半功倍的效果。

二 中希合作建议

(一) 中希可提升为全面战略合作伙伴关系

中希关系需要在全球关系中加以定位。为推动国企"走出去",助力国内经济发展,中国应扩大对外开放,特别是加大对中等强国的开放力度,以多渠道获得资金和技术支持。因此,**欧盟应成为中国寻求国际合作的重点方向**。

然而,欧盟28个成员的发展状况以及合作诉求各不相同,很难达成"一揽子"协议,加之近年来国际政治因素往往跃居经贸合作需求之上,成为左右"一带一路"对接的关键要素。这就要求我们巧妙规避各种风险,充分利用欧盟对外关系法中的"一致性原则"。对于欧盟来说,新时代中俄全面战略协作伙伴关系引人瞩目,由此找到与中俄关系都较友好,且在欧盟内部能够发出独立声音的国家,助力"一带一路"进入欧盟,就显得格外重要。

希腊是欧盟中对中国和俄罗斯都较为友好的国家。2006年中希确立全面战略伙伴关系,2014年在雅典颁布深化全面战略伙伴关系的联合声明,2016年在北京发表了加强全面战略伙伴关系的联合声明,两国围绕联合国宪章、塞浦路斯问题、双边海洋合作、中欧自由贸易区和文化艺术交流等进行了密切合作。中希同属文明古国,有着悠久的历史和璀璨的文化。中希两国对本国的发展道路有自己的理解,同时尊重其他国家不同的文明和制度,这是中希友好的心理基础。希腊对华高度友好,在欧盟属于可依赖的合作伙伴,不会盲从霸权国家,这也符合中希合作的现实需求。

同时,希腊与俄罗斯是世界上为数不多的信仰东正教的国家,两国有着频繁的宗教和文化交流。在北约成员国中,希腊是唯一拥有大量俄式武器装备的国家,而俄罗斯每年向希腊出口的天然气和石油分别占希腊总需求量的50%和10%。综上,笔者认为,中希双方都可提出构建中希全面战略合作伙伴关系，为两国关系提质升级打下基础。

（二）中希可加强旅游和文化交流

旅游业是希腊的支柱产业。希腊有1.5万公里长的海岸线，3000多个风光旖旎的岛屿。希腊还不乏名胜古迹，雅典卫城、德尔菲太阳神殿、奥林匹亚古运动场、克诺索斯迷宫、阿波罗城、埃皮达鲁斯露天剧场、马其顿王墓等举世闻名。更为独特的是，希腊是亚欧文化交融之地，罗马文明、拜占庭文明、马其顿文明和希腊文明融会贯通，创造出灿烂的历史文化。两大城市雅典和塞萨洛尼基交通便利，宾馆饭店密布，旅游资源丰富。自金融危机以来，希腊政府已将消费税从28%降低到13%，以促进经济发展；希腊居民普遍收入不高，物价水平在欧盟各国相对较低。因此，尽管经济危机导致希腊经济不景气，但旅游业却逆势上涨，连续5年创出新高，国际旅客不断增加。中国游客历来对希腊十分向往，到2018年已成为希腊最重要的游客群体之一。笔者认为，可考虑**加大对希腊旅游资源开发力度**，挖掘更多文化旅游线路。

继2008年对外经济与贸易大学同雅典经济与商业大学开办商务孔子学院以来，第二所孔子学院由上海外国语大学和亚里士多德大学共同设立。希腊的大学接收包括中国的外国留学生，教师用英语和希腊语授课。希腊有大量的基金会，在对外文化交流中起着重要的作用。其中，拉斯卡里德斯基金会分别与清华大学和中国社会科学院签有合作意向，探讨共同开设国际课程的可行性。**建议鼓励大学和科研院所加强与希腊的文化学术交流**，这对增进两国之间的信任与了解、促进两大文明古国民心相通有重要意义。

（三）中希可扩大交通运输领域成果

海运业是希腊的重要产业，海陆联运可成为中希合作推进的主要方向。希腊最大的港口比雷埃夫斯港是跨欧洲航运网络的主要轴线之一，有10条航运干线、6条次干线和30多条支线挂靠，同时也是国际海洋旅游中心和过境贸易中心，具有极其重要的战略地位。自2016年中远集团收购其67%股份以来，该港口已经成为全球发展最快的集装箱港口之一。**比雷埃夫斯港的稳定运营为"中欧陆海快线"的物流畅通打下基础**。中欧陆海快线南起希腊比雷埃夫斯港，北至匈牙利布达佩斯，途经北马其顿斯科普里和塞尔维亚贝尔格莱德，目前已辐射1550个点，覆盖巴尔干半岛超过3000万人口，将中国通往欧洲海运的运输时间缩短至少7天。陆上铁路运输与海洋运输相结合，为"一带"与"一路"的连接开拓了新前景。

塞萨洛尼基港是希腊北部重要的自由贸易港口，与中东、非洲和欧洲有频繁的贸易往来。中国招商局集团持有一定股份。如能整合中远集团、招商局集团和中铁公司的力量，共同谋划**建设中国—欧洲陆海联运大通道**，将为"一带一路"海外基础设施建设开拓新局面。而这一切，都以中国的世界第一贸易大国地位为基础。国内各部门资源整合，相互配合，避免内部竞争，共谋海外发展，需要建立一个牵头机制来具体实施。

三　中企在希腊经营须注意规避风险

第一，**希腊外债问题突出，经济危机的风险仍然存在**。从1995年起，希腊中央政府债务总额占GDP的比重就已超过100%。此后，这一数字节节攀升，2009年为133%，2012年为165%，2013年升至182%，2018年达到185%。目前看来，尽管采取了税改和养老金改革等多项措施，但希腊政府仍然没有找到有效摆脱危机的办法，未来的债务比例可能还会上升，经济危机的风险仍然存在。

第二，**当地政局与利益集团博弈会影响相关企业的良好运转**。

以中远海运比雷埃夫斯港口有限公司为例，由于希腊政府频繁换届，使政策连续性难以保障。自2016年以来，港口一直在特许经营协议下运营，许可证问题并未得到妥善解决，而我们的投资是巨大的。经营协议中规定有强制投资部分，前期要投资3亿欧元，规定5年时间必须投完，但一些投资计划迟迟得不到批准，这为企业经营与稳定发展留下不确定性因素。港口公司在提高员工收入、增加福利和教育机会、保护生态环境等方面做出了大量努力，但希腊工会的势力强大，与港口事务无关的罢工也会涉及和干扰正常运行。如能争取到类似"自由贸易区"的独立政策，将缓解比雷埃夫斯港的压力，为进军中欧市场做好铺垫。

第三，希腊语复合型人才的缺乏制约中企发展。希腊使用希腊语。尽管英语也可以通行，但其法律文书均用希腊语书写，银行开出的单据等也用希腊文，与当地员工打交道还是用希腊语，缺乏希腊语人才成为制约中企在希腊发展的重要因素。应借助孔子学院的力量，加快培养不仅会希腊语，而且懂法律、会经营、善管理、能宣传、有技术的复合型人才，使其加入到"一带一路"的海外拓展事业中来。有了这些前提，中国企业在当地则可发挥更大的作用，找到更多的立足之基。

（中国社会科学院世界经济与政治研究所研究员　鲁　桐
中国社会科学院世界经济与政治研究所研究员　欧阳向英）

如何进一步扩大与埃及、沙特的经贸合作？
——"丝路万里行"之埃及、沙特调研收获

本文要点： 为降低对能源部门的依赖度，推进经济多元化发展，沙特和埃及均提出了"2030愿景"中长期发展规划，与中国的"一带一路"倡议具有很高的契合度。中国与沙特、埃及经济结构高度互补，互为对方重要的贸易伙伴，双方经贸合作已经形成了全方位、多层次、宽领域的新格局，合作领域涉及包括能源资源在内的诸多领域。中国与沙特、埃及的经贸合作仍然存在一些障碍和挑战，需要加以克服和改进。中国应以能源合作和基础设施建设为抓手，综合运用对外贸易、基础设施建设、产业投资、金融合作等多种方式，进一步推进与沙特、埃及的经贸合作。

应沙特阿拉伯阿卜杜拉国王石油研究中心和埃中商务理事会的邀请,中国社会科学院智库丝路万里行"沙特、埃及的经济发展战略调整及与中国的能源合作"课题组,于2018年对沙特阿拉伯、埃及进行了访问和调研。

一 中国与沙特、埃及的经贸合作进展

(一)中国与沙特的经贸合作

沙特油气资源丰富,石油储量及剩余储量均居世界首位,在阿拉伯和伊斯兰世界具有重要影响力,位于"一带"和"一路"交汇点,是中国重要的合作伙伴。2016年沙特政府发布了"2030愿景",旨在降低对石油的依赖,建立可持续发展的多元化经济体系。**中国"一带一路"倡议与沙特"2030愿景"的对接,对于推进中沙两国产能合作具有重要作用。**

能源是中沙经贸合作的重点领域。中沙两国经贸和能源合作发展迅速,尤其在传统能源领域。沙特是中国在西亚和北非地区主要的原油供应国,中国是沙特最重要的原油出口市场。未来,随着美国对中东油气进口需求的大幅下降,中国将成为沙特更为重要的出口市场。

双方在石油下游产业合作取得较大的进展。当前,中国企业进入沙特石油中上游产业的机会不足,但中沙在石油下游产业合作已取得突出成绩。沙特是一个能源工业基础较为薄弱的国家,而中国石化企业具有相关的经验和技术优势,能够有效帮助沙特将资源优势转化为产业优势,这既符合沙特工业化的发展战略,也契合两国战略对接、互利发展的合作思路。

核电、新能源领域合作处于积极促成阶段。中国正在参与竞标沙特核电项目,以期加强中沙在新能源领域的合作。当前中核工业集团正在积极参与沙特首座核电站项目竞标,若中国企业能够最终胜出,将有助于自身核电工业发展,同时也将是中国第四代核电技术实现"走出去"的重大突破。

(二)中国与埃及的经贸合作

埃及区位优越,位于非洲东北部,地处亚欧非三大洲的交通要冲,是海上丝绸之路的节点国家。埃及热情欢迎中国的"一带一路"倡议,期望中国在推动埃及和非洲的经济发展过程中做出更大的贡献。在"一带一路"倡议和中非合作机制框架下,**中埃在能源、基础设施、制造业、工业园区、农业和旅游业具有广阔的合作空间。**

中国是埃及第一大贸易伙伴,近年来**双方贸易不平衡问题有所缓解**。2017年,中国仍保持埃及最大进口来源国地位,而埃及在中国的出口目的地排名从上年的第14位升至第9位。

苏伊士经济区是中国企业运营的海外明星工业园区,是埃及参与"一带一路"建设的重要依托。

中国的投资和工程承包集中于石油、制造业、基础设施等领域,逐步向旅游业和农业拓展。2017年,中国对埃及投资已超过50亿美元,涉及油田开发、玻璃纤维、机械、电器、饲料、物流、港口等众多领域。**中埃双方重大合作项目收获丰硕成果。**

金融合作方面,在"一带一路"倡议指导下,两国金融合作的发展有效缓解了双边经贸合作中的融资难题。截至2018年7月,国开行向埃及中央银行等5家银行提供的金融同业授信金额达43.4亿美元。人民币国际化在埃及起步。2016年12月,两国央行签署规模为180亿元人民币的双边货币互换协议。

在文化交流方面,在中埃双方的共同推动下,越来越多的中国游客去往埃及旅游。据统计,2017年中国赴埃及游客数量已超过30万人次。中埃文化交流的深入,对于增进两国间的相互了解、深化双边关系具有十分重要的意义。

二 中国与沙特和埃及经贸合作的挑战

(一) 中国与沙特经贸合作的挑战

第一,"亚洲溢价"不利于两国原油贸易的扩大。由于历史原因,以沙特为首的中东石油输出国对出口到不同地区的原油采用不同的价格,包括中国在内的亚洲石油进口国需要支付更高的价格,即"亚洲溢价"。在近年来美国页岩油气革命、国际石油市场供大于求、国际油价暴跌的情况下,沙特的原油出口遭受沉重打击。中国作为沙特原油的重要出口国,理应享受更加优惠的价格,**但沙特仍然坚持"亚洲溢价",这影响了两国原油贸易规模的进一步扩大**。在全球原油供给趋于宽松、中国原油进口渠道选择性增多的条件下,若沙特继续维持较高的"亚洲溢价",中国势必会缩减对沙特的原油进口。

第二,**中国对沙特直接投资面临一些障碍**。目前中国与沙特之间的经贸合作以进出口贸易和工程建设为主,开展直接投资的企业数量还不多,投资规模总体不大。中国企业在沙特开展直接投资面临的挑战主要体现在:一是沙特的行业标准要求较高;二是在沙特开展生产经营的成本费用较高;三是沙特本地化比例要求高。

(二) 中埃经贸合作的挑战

第一,**政局动荡和政策不稳定阻碍了双边经贸合作的发展**。2011年以来埃及连续发生的政局动荡,使得中埃经贸合作关系受到了严重的负面影响,导致双边贸易投资大幅下降。当前,尽管埃及政局趋于平稳,但恐怖袭击仍时有发生,安全形势需要高度重视。同时,埃及的法律法规和政策规定较为模糊,有较大的解释性空间,执行的随意性和主观性较大,政策的稳定性和可预期性较差。

第二，**苏伊士经济区面临政府支持服务不足的问题**。苏伊士园区存在的问题主要有：一是商务部承诺的合作区建设补贴资金尚未落实；二是扩展区项目开发涉及的前期投资量大，且项目前期盈利少，资金回收期长，开发资金紧张；三是埃及安全局针对中国的新项目投资的安全审查过长，审批过程缓慢，且中方员工办理工作签证困难；四是合作区城市依托度差，公共设施配备薄弱。

第三，**中资金融机构在埃及的业务面临激烈的竞争**。中资金融机构在埃及开展业务面临着两个主要挑战：一是埃及对西方文化和技术认同感强，一直是西方的传统市场，欧美和日本金融机构竞争优势突出，并具有较强的话语权；二是欧美、韩国、日本、俄罗斯等国在埃及开展业务提供政策性优惠贷款较多。

三 扩大中国与沙特、埃及经贸合作的建议

第一，**深化传统油气领域合作，积极开拓清洁能源市场**。中国与沙特、埃及应继续以能源合作为重点，不断深化经贸合作。在油气领域的合作，不仅可充分发挥中国在油气中下游产业的技术优势和市场优势，为中资企业更多参与油气上游环节工作提供机会，有助于保障中国的能源供应安全，也有助于沙特和埃及油气资源的勘探开发，拓展油气下游环节和市场，提升其能源需求安全。新能源领域，中国可再生能源技术能力和输出前景与两国可再生能源发展需求互补，将有望推进中国与两国在新能源领域的深入合作。

当前，中国与沙特、埃及应加强**在以下这几个能源领域进行深入合作**：其一，稳步扩大两国石油贸易。其二，埃及将能源产业作为未来重要的发展产业，中国企业应加强对埃及油气领域的关注，深化投资合作项目。其三，鼓励中沙双方企业加大对石油

产业中下游领域的交叉投资，支持中资企业探讨通过与沙特企业合作，共同在第三国投资建设大型炼油和石油化工项目的可行性。其四，利用中国在新能源领域的资金、技术和产品优势，帮助沙特和埃及实现可再生能源产业本地化生产。其五，鼓励中国能源装备企业成立合资工厂或组装厂，通过本地化生产的方式进入沙特和埃及市场。

第二，**加速优势产能"出海"，服务沙特和埃及基建需求**。基础设施建设是沙特和埃及的重点发展领域，两国对基础设施建设高度重视，都将公路、铁路、港口、电力和通信等基础设施建设列为优先发展领域，未来都将建设一系列大型基础设施建设项目，全面推动交通、电力等基础网络改造升级，提升基础设施质量，显著改善投资和贸易环境，极大地提升两国经济的发展潜力。为了实现这些目标，两国政府可通过政策调整，为国内外投资者提供更加优惠的政策和财产保障，逐步实施放松管制并引入政府和社会资本合作（PPP）机制，以吸引更多的国内外投资。

中国企业应当**积极探索 PPP 模式等新的合作方式**，进一步拓展在基础设施建设中的业务领域，从建设施工进一步延伸到设计、咨询、监理、运营管理等领域。应帮助沙特和埃及消除基础设施瓶颈，提升基础设施的运营效率，助力两国提升经济增长的潜力。

第三，**促进贸易创造，优化贸易结构**。从贸易结构来看，中国对沙特、埃及的出口产品种类较多，从日用消费品到资本密集型产品、高新技术产品较为齐全，但两国对中国的出口商品结构则相对单一，主要以石油、天然气等能源和矿产品以及农产品和初加工产品为主。贸易结构在很大程度上能够反映出彼此间产业结构的差异。因此，在稳定和扩大贸易规模的基础上，探寻合作共赢的新渠道，开启扩大经贸关系的新动力，就成为中沙和中埃经贸合作转型升级的内在要求。

优化中国与沙特、埃及的贸易结构，增加自两国的油气进口，支持两国扩大与发达国家以及新兴经济体之间的国际贸易，积极帮助两国增强出口创汇能力，增加外汇储备，改善国际收支。

第四，**发挥投资的新引擎作用，深化国际产能合作**。以国际产能合作为载体的直接投资将成为驱动中沙和中埃经贸合作的新引擎。丰富的自然资源优势和优越的区位优势，使沙特和埃及正在成为外国直接投资选择的重要区域。

2018年，沙特将新能源、农业水产、医疗卫生、运输物流、信息通信技术、文娱体育、数字媒体、旅游、朝觐这九个产业确定为吸引外国直接投资的重点产业。埃及政府制定的2015—2030年长期经济发展规划也将电力、石油天然气、交通运输、制造业、旅游业、农业和房地产业列为重点发展行业。

对于沙特和埃及确定的重点发展行业而言，**中国在这两国的大部分产业领域都有着较强的竞争力**，有能力积极对接两国的产业发展规划和外资政策。

要提升中沙和中埃国际产能合作的规模和层次，需要做好以下三方面的工作：首先，**要加强政府之间的沟通和协调**。其次，应当积极探索**以产业园区为载体、以集群式产业转移为特征的国际产能合作新模式**。最后，双方企业在开展产能合作过程中，应当根据本企业所属行业类型和市场定位，在充分考虑不同区域和城市的资源禀赋、产业基础和市场容量的基础上，**选择合适的地区、城市和经济特区开展经贸活动**。

第五，**拓宽融资渠道，为经贸合作提供多元化的金融支持**。金融合作是中沙和中埃经贸合作的重要领域，**金融服务将成为提升双边贸易和投资水平的助推器**。要用好现有的多边和双边金融合作机制，并吸引国际金融机构和私营金融机构更多地参与中沙和中埃国际产能合作，尤其是基础设施建设项目的融资。

其一，中国的开发性金融机构和政策性银行应当**加强同国外开发性金融机构间的合作**，既要深化与世界银行等全球性多边开发机构的合作，也要扩大与金砖国家新开发银行等新成立的开发性机构的合作，还要拓展与非洲发展银行等区域性开发金融机构间的合作。

其二，进一步拓展**与国际大型商业金融机构的合作**。应当鼓励中国的商业银行与欧美跨国银行通过银团贷款、联合融资、建立担保机制等方式，共同为投资回报明确的大型基础设施建设项目提供融资，以分散风险。

其三，更好地**发挥中长期股权投资基金的积极作用**。除通过银行提供传统的融资工具以外，应当推动中国的政策性银行、丝路基金等主权投资基金与沙特的主权财富基金共同出资，设立更多的类似中非产能合作基金的股权投资基金，以市场化的运作方式，为沙特和埃及的基础设施建设、农业、制造业、服务业等方面的合作提供股权和其他方式的融资支持。

其四，鼓励有实力的中国商业银行在沙特和埃及设立分支机构，**扩大境外业务**，为中沙和中埃提供信贷、结算、项目融资、并购贷款、现金管理、咨询服务等全方位的金融服务。

其五，充分**发挥中国出口信用保险公司等政策性保险机构的职能**，支持中国的商业性保险机构提供对外投资合作保险服务，为中沙和中埃的经贸合作保驾护航。

（中国社会科学院世界经济与政治研究所研究员　王永中
中国社会科学院世界经济与政治研究所副研究员　万　军
中国社会科学院世界经济与政治研究所助理研究员　周伊敏）

中亚两国视角下的"一带一路"倡议

——参加吉尔吉斯斯坦、塔吉克斯坦国际会议的思考

本文要点： 中亚是中国周边外交的重点，中国在中亚的影响力近来有不断扩大之势。中亚各国对"一带一路"倡议都表现出浓厚兴趣，希望中国扩大投资、加强援助、与本国发展战略对接。其中吉尔吉斯斯坦希望中方在电力、矿产、高科技和高附加值产业加大投资，塔吉克斯坦则希望中方帮助其实现各领域的工业化。中国应从不同角度和不同侧重点出发，与这些国家发展外交关系。此外，中国还应注意加强与德国、加拿大等中等强国的外交关系，为中国赢得更广阔的发展空间。

2019年5—6月，笔者分别参加了在吉尔吉斯斯坦和塔吉克斯坦举办的两次国际会议：一次是在吉尔吉斯斯坦比什凯克市召开的第三届中国—吉尔吉斯斯坦专家对话论坛，一次是在塔吉克斯坦的塔什干召开的"共建'一带一路'与深化中塔全面战略合作"研讨会。这两次会议的规格相对较高，反映出中亚这两个国家对与中国合作的期待，以及我们需要注意的一些问题。

一 吉尔吉斯斯坦视野中的"一带一路"

第三届中吉专家对话论坛在习近平主席赴吉尔吉斯斯坦参加上海合作组织比什凯克峰会前一个月召开。吉方将这次专家论坛视为峰会前的智库交流，给予了高度重视。

上合组织前秘书长表示，**中吉两国在发展利益上是一致的**。中吉两国人民都希望摆脱贫困、加快农村生产建设、实现城市现代化、解决好农民涌入城市带来的一系列问题。民族心理对"一带一路"的影响，不仅反映在技术和金融合作等操作层面，还反映在哲学层面，向世界展示亚欧大陆需要团结。他指出，有人怀疑"一带一路"倡议的意图，其实欧洲历来才是各种主义的生产者，而中国在五千年历史中总是强调人性和谐，反对宗教和种族排斥，这是"一带一路"超越意识形态的特征。

针对我们提出的吉国投资环境问题，吉尔吉斯斯坦有官员表示，中吉双方可**共同搞一些大项目，比如铁路和数字经济**。中吉乌铁路从1994年开始谈，到现在都没有谈成，值得反思。他分析了中吉乌铁路所能揽到的货源和数量，以及过境运输能给吉尔吉斯斯坦带来的好处，强调要让人民知道修建铁路的重要性，这样才有利于推动政府尽快决定中吉乌铁路的建设。如果有了这条铁路，吉尔吉斯斯坦就可以通到海湾地区和欧洲国家，并可以利用中转国的身份，每年赚取大约22亿美元的收入。

有吉尔吉斯斯坦的安全问题专家表示,他们对阿富汗局势有些担忧,担心无法阻止阿富汗局势恶化所带来的溢出效应。贩毒和走私军火是恐怖组织活动的经费来源,而中亚是其活动的重要通道,中亚各国都想遏制这种局势但单靠自身力量无法消除恐怖主义势力。美国从阿富汗撤军后,谁能主导阿富汗局势?这事关中亚各国安全环境以及中国在中亚的投资保障,所以中国应重视阿富汗问题。

吉尔吉斯斯坦教育部的专家谈到,**希望组建中吉国家间委员会,讨论中吉大学的建设问题**。现在很多吉尔吉斯斯坦学生希望到中国公费留学,学语言、学专业、学人文领域知识,加强在科技领域的学习;形式上既可以面授,也可以远程教育。吉方希望在上海合作组织框架下组建学生夏令营,在生物化学和通信技术等领域同中国加大合作,将公费生的招生人数从每年15名增加到30名。

此外,吉尔吉斯斯坦战略研究所还组织了另外一场研讨会,吉尔吉斯斯坦移民局、工业部、外交学院等机构官员和研究人员参加,向中方系统介绍了比什凯克自由经济区建设情况。会议公布了零税率、零利率的优惠投资办法,以及原产地证明书和出口到欧亚经济联盟只收0.25%手续费等较有吸引力的因素,**希望中方在吉电力、矿产、高科技和高附加值产业加大投资**,也希望中方能在吉建设轻工企业和汽车工厂。

二 塔吉克斯坦视野中的"一带一路"

2019年6月15—16日,习近平主席对塔吉克斯坦进行正式国事访问,并出席亚信会议。为推动"一带一路"项目落实,深化中塔全面战略伙伴关系深入发展,中国社会科学院与塔吉克斯坦战略研究中心共同举办"共建'一带一路'与深化中塔全面战略合作"研讨会。

塔吉克斯坦总统战略研究中心负责人对近年中国对塔吉克斯坦援助项目表示感谢，并希望中国加大在安全领域的援助，增加公费留学生名额。还有专家指出，中国是与塔吉克斯坦唯一没有边界冲突的邻国，这是两国合作的坚实基础。目前，塔吉克斯坦国内47%的投资来自中国，200多家中资企业在塔经营。**与中国发展合作友好关系，获得中国实实在在的帮助已成为塔国共识。**

作为一个水资源丰富的国家，**塔吉克斯坦愿意从能源安全保障的角度参加"一带一路"**。塔方希望中国参加罗贡水电站的建设，建设资金可来自中国政府援助、塔政府资金（可能从中方借款，用售电收益还款）和商业贷款等。俄罗斯—塔吉克（斯拉夫）大学（RTSU）迈特季诺娃教授从"塔吉克斯坦至2030年国家发展战略"与中国"一带一路"倡议对接的角度，提出中塔两国应在水电资源、矿产开发、农业和金融等方面加强合作。

2017年8月中塔两国签署了《中塔合作规划纲要》，旨在扩大和深化安全、基础设施建设、投资、经贸、能源资源、农业、金融、人文、生态环保等领域合作，并进一步建立和完善合作实施机制。在这9个领域进行全面对接，反映了中塔互信的高水平。但两年时间过去了，中塔合作成果并不多，塔方专家指出，这与该纲要只是框架性协议，缺乏实际的可操作性有关，**应进一步细化规划纲要，使"一带一路"与"塔吉克斯坦至2030年国家发展战略"深度对接**。最近，塔吉克斯坦刚刚发布工业化发展战略，对**中方帮助塔方实现各领域工业化充满期待。**

当前，中国在塔工业项目涉及石油炼化、铅锌冶炼、棉花加工、建材生产、皮革加工等，均是塔实现工业化和进口替代生产的重点领域。塔方支持中企发展工业园区，形成上下游一体化的完整产业链，从而带动相关产业发展。塔政府致力于改善投资环境，愿意让中方投资享受到优惠政策，保护外资合法权益。塔方专家还提到，除了工业，农业、旅游、文化各领域也希望加强合作，外资可享受五年免税政策。帕米尔地区的大量矿产资源亟待勘探与开发，在能源领域则期待在水电和太阳能方面加强合作。

塔吉克斯坦国家安全委员会的与会代表指出，**反恐是中亚的最大问题**。恐怖组织与毒品关联，和宗教也有牵连，对地区安全构成威胁。塔对暴恐和极端主义采取零容忍政策，当前最主要任务是防止境外恐怖分子回流中亚。塔吉克斯坦愿意切断阿富汗武装与北部的交通，为地区稳定贡献力量。以往，塔吉克斯坦在安全领域的投入占其GDP比重很高，近年逐渐改革其预算结构，加大了民生投入比例，安全投入相对减少，反恐形势严峻。塔吉克斯坦需要与国际社会合作，共同维护安全环境，而中国是其最重要的安全伙伴之一。

三 积极发展中国与中亚国家关系的几点建议

当今世界面临百年未有之大变局。与中亚国家的关系，应放在变动的世界格局中去看待。既要谋长远顾大局，也要兼顾对外投资的效益和安全。

首先，**中亚是中国周边外交的重点**。中国在未来要成为现代化强国，必先成为亚洲的大国，这就需要对周边国家产生广泛的经济、政治和文化影响，与之形成密切的利益共同体、责任共同体和命运共同体。中亚是中国通往欧洲的通道，也是北联俄罗斯、南联印度次大陆的通道，历来是大国博弈之地。俄罗斯是中亚地区传统的有重要影响力的国家，随着"一带一路"倡议在中亚国家的推进，**中国在中亚的影响力也在逐步扩大**。

总体而言，除了土库曼斯坦，中亚各国对"一带一路"倡议都表现出浓厚兴趣，希望中国扩大投资、加强援助、与本国发展战略对接。中国应从不同角度和不同侧重点出发，与这些国家发展外交关系。

其次，我们要看到，随着国际局势的变化，**外部国家对中国的"议价"能力也有所提高**。中亚向中国敞开大门，这既是机遇，也是挑战。

吉尔吉斯斯坦是俄罗斯重点资助和扶持的国家。吉尔吉斯斯坦提出**把本国的国家发展战略与"一带一路"倡议对接，重点建设工业园区，发展数字经济和信息通信技术**，这对中国企业"走出去"是一个机遇，但若盲目扩大投资也不可取。鉴于吉尔吉斯斯坦的人口和国内消费市场，在吉尔吉斯斯坦设立工业园区，只能定位为外向型经济，重点出口欧亚经济联盟和欧盟。

塔吉克斯坦是接受中国援助较多的一个国家，历来对华友好，但也提出了一些新的需求。例如，在塔国的发展规划中，几乎所有的大型项目都期待中国来投资，但不能有经济附加条件（如要求借款国提供国家担保、购买中方设备、由中企承包项目等），从中方获得的贷款能够完全由塔方自由支配，或购买塔方设备、原材料，或雇用塔国员工等。当然，外交中义利结合，经济考量并不总是第一位的。把握投资的领域、规模和节奏，争取更多的政策支持，这是企业"走出去"要注意的问题。

最后，**中国在中亚的影响力日益增强，需要注意协调与俄罗斯的利益关系**。现在，在中俄两国领导人的共同努力下，**中俄关系进入新时代全面战略协作伙伴关系的结构之下，而俄罗斯与美国的结构性矛盾难以缓和**。中国要争取做到：进，可加强与俄罗斯和中亚各国的关系，争取成为欧亚经济联盟的准成员国；退，可发展与中等强国的关系，不与俄罗斯在中亚展开竞争。

由于特朗普政府极限施压的做法不仅针对中国，也对世界其他国家产生了不良影响，所以我们可以积极拓展与所谓"中立国"的合作空间。面对美国新政，欧洲最有潜力与中国开展互利合作的国家有德国、瑞典、希腊等；美洲的加拿大也有可能与美国产生利益分歧，从而与中国加大合作力度。**加强与中等强国的外交**

关系,既没有太高的资金风险,又可以进行科技交流与优势互补,对冲美国主动"脱钩"带来的产业链断裂风险,为中国赢来更广阔的发展空间。

(中国社会科学院世界经济与政治研究所研究员　欧阳向英)

中欧"一带一路"合作中的关注点分析

——第二届巴黎"一带一路"论坛总结

本文要点：欧盟对加入"一带一路"仍持矛盾心理，既想加入又心存疑虑。法国支持欧盟参与"一带一路"，特别是参与那些可操作性强的项目。中欧"一带一路"能源合作最好的载体是能源转型，在农业领域的合作前景也十分广阔。中欧对未来"一带一路"倡导的绿色低碳、共同融资机制和多边合作的发展模式非常认同。但"一带一路"在快速发展的同时也引起了一些误解，对此我们要以长远的眼光看待"一带一路"的发展，加强对外宣传介绍，完善适应不同地区的投融资规则，积极强化多边合作。

中欧"一带一路"合作中的关注点分析

"一带一路"论坛是中国驻法使馆与法国知名智库国际关系与战略研究院（IRIS）联合举办的关于"一带一路"的机制化交流平台，主要通过专家交流研讨方式向法国社会各界宣传和介绍"一带一路"倡议的思想理念和合作举措。2017年11月第一届论坛成功举办，效果良好。

2019年1月，在法国巴黎联合国教科文组织总部举办了第二届论坛，来自世界40多个国家的300名代表参会。论坛就政治与安全、欧盟与"一带一路"、能源与环境、农业这四个主题展开了广泛的交流和讨论。笔者受邀参加了此次论坛，现将会议中关于中欧"一带一路"合作的主要观点及笔者对此产生的一些对策建议整理如下。

一 欧洲一些国家对"一带一路"仍存疑虑

总体来说，**欧洲国家对于"一带一路"倡议存在一定的疑虑**。他们认为欧洲是最早创立国际体制的地区，"一带一路"的出现使他们感觉其创立的体制要被打破，对此有惧怕感，很难走出他们自己的"舒适区"。而这种情况又容易被政客所利用，使欧洲在"一带一路"问题上转向美国，可美国却开始"退群"，七国集团也做出了反全球化的不理智反应。以前经常批评中国不对外开放，现在中国向全世界提出了很好的中国方案，而欧洲却又开始疑虑了。

欧盟对"一带一路"比较犹豫，一开始他们以为"一带一路"是关于交通基础设施的项目，这有利于加强中欧贸易，降低交通成本。在欧洲投资，也有吸引力，符合欧洲开放的原则。但随着"一带一路"项目的开展，欧洲看到"一带一路"在地理上覆盖了除美国以外的大多数国家，项目也很多，由此认为**"一带一路"是一个多边性的交融与合作平台，旨在为中国产品找到市**

场。他们对此产生了疑虑：一是公共市场准入、外国投资许可的透明度问题，项目多由中国企业主导，至少应该有40%是当地企业参与；二是过度借债会产生债务问题；三是中国对国有企业的补贴，是否扭曲竞争问题。他们认为"一带一路"倡议或许不符合欧洲的公开市场原则，由此导致欧盟一方面合作，另一方面又自我保护。2018年9月欧盟提出了与亚洲合作的三原则：一是在数字、交通、人文社会领域的互补；二是可持续性，特别是债务的可持续性；三是要实施一个透明度方面的准则，对欧盟的战略性投资要有资金监管措施。

法国前总理拉法兰的观点值得关注，他认为世界形势已经发生变化，中国作为一个强国，不能低调存在，就是要提出一些解决方案。他认为，**中国已经成为世界平衡的参与者，已经成为一个一流的强国，目前处于崛起强国的定位阶段**。他还认为美国已经不注重欧盟，欧盟大使被美国降级排在法国之后，美国也经常批评欧元，如果美国只是关注自己的话，那么将会出现灾难。2019年要根据世界形势的变化选择战略，欧盟对中美两国都要选。欧洲要统一立场，法德是关键。**欧盟不需要跟中国进行对峙，而是要跟中国合作**。也不能一边合作一边对抗，合作的目标是要让世界达到一个平衡。**法国应该帮助欧洲支持"一带一路"项目，特别是一些可操作强的项目**。比如，马赛港和上海港的合作以及高技术企业的合作都可以谈，法国在维护自己利益的基础上要和中国展开合作。重要的是不能恐惧，冲突可以解决，但恐惧就会失败。要重视多边主义，中国需要一个强大的欧洲，没必要分而治之，欧洲要更好地团结起来。

二 欧盟同时也期待参与"一带一路"能源合作

法国军事学院战略研究院的专家认为，"一带一路"关注能源问题，中国与"一带一路"沿线许多国家都有能源合作。在非洲的肯尼亚、坦桑尼亚和乍得主要是煤电，中亚主要是天然气开采和输油管道，欧洲是罗马尼亚和波兰的核电，中东则主要是天然气、核电和石油，俄罗斯是天然气和输油管道，东南亚是垃圾废物处理发电。他们认为这些投资会引起战略或地缘政治问题，比如基础设施造成的输气管道安全问题、伊朗和阿拉伯半岛国家的地缘政治问题、俄罗斯如何参与"一带一路"等问题。

从 2011 年到 2018 年，中国在欧洲的能源投资为 300 亿欧元，**欧盟对"一带一路"能源项目的立场是参加**，但同时又不愿意中国参与到其战略领域比如电力的项目中。**欧盟和中国"一带一路"能源合作最好的载体就是能源转型合作**，未来能源转型的关键是**去集中化、去碳化和数字化**。在这方面中国在很多领域都具有超前的技术，比如太阳能蓄电池、超高压输电等。根据预测，到 2040 年燃煤占能源消费将由 70% 降到 40%，天然气消费量将翻 3 倍，在能源转型框架下"一带一路"合作要更加开放、绿色。具体而言，在能源领域仅亚洲市场"一带一路"的投资就需要上万亿美元，中国自己的投资显然不够，因此需要有第三方的参与，并且增加金融市场的透明度，同时也鼓励民营企业参与到"一带一路"能源建设中来。

三　中欧农业合作前景广阔

首先，**全球粮食平衡处于脆弱状态**。全球每天有 33 万人出生，其中亚洲占 1/2，非洲占 1/4，到 2050 年对粮食的需求会增加 50%，主要集中在亚洲和非洲，但这些地方的土地和水资源却在减少，因此，如果满足这些国家对粮食的需求，贸易的作用至关重要。其次，**欧盟农业具有优势**。法国是欧盟第一大农业国，农学和养殖技术先进，出产的 50% 的小麦和 40% 的乳制品用于出口。同时，欧盟也有完善的粮食和农产品可追溯系统，有很强的物流网包括冷链运输以保证农产品质量和食品安全。最后，**中国的市场很大**。2004年以后，中国就变成农业净进口国，每年要花700亿—800亿美元进口粮食，占全球的10%，特别是大豆贸易。同时中国也通过劳务输出、基础设施建设和海外并购等形式进行直接投资，在海外建立食品加工企业，生产高质量的农产品。比如，中国在法国就通过当地采购资助小微企业的发展，并通过数字化技术减少农产品运输和加工过程中的损失。

欧盟是中国最大的农业合作伙伴，他们强调的是欧盟要团结起来，让更多的欧盟国家参与到与中国的合作中。非洲一直是欧盟关注的焦点之一，预计到2050年非洲人口要翻一番，粮食需求将大幅增长。欧盟在考虑是否借"一带一路"项目推动欧盟和中国在非洲开展农业和粮食领域的第三方市场合作。此外欧盟还关注俄罗斯向中国出口粮食，认为这将与欧盟产生竞争等问题。

目前，中国从欧盟和法国进口的农产品很多，但主要是大宗农产品，而不是经过加工的食品。中国中产阶层的不断扩大使直接进口加工食品有了市场需求，而"一带一路"倡议的实施将这种可能性变为现实。以往中法农业贸易都是海运，需要45天，而"一带一路"新鲜食品的铁路冷链运输只需要15天，就可以运达中国西部地区，并进一步连接中国东部市场。与此同时，也面临以下几个问题需要解决：一是法国没有直通中国的铁路，必须通过卡车运到德国再转运中国，如果使用火车运输，规模很重要，列车要装满，其效益才最高；二是欧盟对食品直接出口要求严格，这需要与中国进行谈判，经过5年才能获得许可；三是欧盟的卫生检疫严格，中国也需要有对等的原则，还需要加强知识产权保护措施。

四 中欧"一带一路"合作存在的问题与建议

"一带一路"倡议实施以来取得了巨大成就，全球有129个国家和160个国际组织都参与其中。中欧专列从2013年的3600班增加到2018年的6000班，连接了56个中国城市和15个欧洲国家的46个城市，加强了中国同欧洲的联系。但随着"一带一路"的快速发展和不断深入，外界对"一带一路"的思考也在不断深化，在有些国家和学者中产生了一些疑虑和误解。

首先是**质疑投资问题**。一是国外普遍认为中国是主要借钱方，但实际上世界银行、亚洲开发银行等都参与了投资。更准确地说，**中国只是项目牵头方**。二是对"一带一路"投资对当地环保的影响提出质疑，认为中国应该向欧盟的环保标准看齐。实际上中国在"一带一路"沿线国家的投资非常注重对当地环境的保护，比如我们在非洲的煤电厂建设都是采用最高的环保要求，最大限度地减少对当地环境的影响。

其次是**质疑"一带一路"是中国寻求霸权的地缘政治工具**。应该说，这种想法完全是西方的思维模式，如有欧洲学者认为中国的"一带一路"会分裂欧盟，其实这种说法完全是无稽之谈。2009年欧洲国家债务危机时，中国给欧洲提供了巨大的帮助，因此现在中东欧国家都乐于参与"一带一路"建设。

最后是**质疑"一带一路"会导致债务陷阱**。其实债务问题是长期积累的结果，反而是发达国家的加息升值进一步加重了债务危机。目前**没有一个国家因为参与"一带一路"而引发债务危机**，那些基础设施项目的长期效益将会逐步显现出来。

通过此次论坛的讨论可以看出，中欧在"一带一路"建设上的合作思路是有共同点的：一是**绿色低碳发展**，即经济增长、社会进步和环境保护三方协调发展；二是**共同出台"一带一路"融**

资指导原则，共建共商共享，同时要分担风险；三是"一带一路"更多引入多边合作机制，进入多边合作新阶段。更有与会专家提出，通过欧盟、中国和非洲在创新、科技、人工智能及地缘政治等不同维度的三方合作，争取摆脱美元的影响，进一步提升"一带一路"的影响力。

对此，作为"一带一路"的倡议方，我们应在以下方面做好充分准备：

第一，**加强"一带一路"倡议项目的对外宣传介绍工作**。"一带一路"倡议得到了世界上大多数国家和国际组织的认可，体制机制也在不断完善过程中。但是仍有部分欧洲学者对"一带一路"存在恐惧和误解，亟须我们加大对"一带一路"的宣介力度，用实实在在的发展事实来澄清和消除误解，使更多的国家参与到其中，共同享受"一带一路"带来的益处。

第二，**完善适应不同地区的投融资规则**。投融资是"一带一路"项目的核心关切，随着投融资体制的不断完善，亚洲基础设施投资银行、亚洲开发银行、世界银行等都逐步介入其中，越来越多的项目得以顺利实施。未来在投融资过程中，特别是在对投融资监管较严格的欧盟地区，还需要进一步设立符合当地投融资规定和对透明度要求的相关规则，使项目得以顺利进行。

第三，**强化多边合作机制**。未来"一带一路"的多边合作模式是中欧达成的一致见解。多边合作模式在项目投资、管理、影响力和透明度方面可以避免双边模式的一些弊端，吸引更多的参与者。特别是在非洲地区经济尚不发达的情况下，通过中国、欧盟国家和非洲的第三方市场合作，可以使资金、技术和市场达到无缝对接，促进"一带一路"倡议的进一步深化。

第四，**注重"一带一路"的长期效果**。"一带一路"是一个新的倡议，需要一定时间的摸索才能找到最适合的发展道路和最好的效益。特别是在不同的地区，有着不同的经济体制与发展历程，所处的发展阶段也不尽相同，因此对于"一带一路"的发展要以长远的眼光看待，通过不断完善体制机制及合作模式，推进"一带一路"的合作不断深化。

（中国社会科学院世界经济与政治研究所副研究员　魏　蔚）

西巴尔干地区建设"一带一路"的进展分析

——塞尔维亚、克罗地亚、黑山三国调研体会

本文要点：稳定的中欧关系是"一带一路"倡议在欧洲顺利推进的前提条件。随着中国—中东欧国家（"16+1"）合作框架以及"一带一路"倡议在西巴尔干地区相继落地，中国在该区域的影响力不断上升，欧盟对此已有所顾虑，对"一带一路"项目提出了诸多质疑。但事实上，中国现阶段在西巴尔干的投资对于泛欧交通运输网络的建设以及西巴尔干加入欧盟而言都具有积极的助推作用。中欧之间在西巴尔干的合作应以"中欧互联互通平台"为依托，通过推进中国与欧盟之间在规范、标准、资金和规划方面的进一步对接，有效推动中欧乃至亚欧互联互通的大格局。

中国社会科学院世界经济与政治研究所调研团队在2018年赴塞尔维亚、克罗地亚和黑山三国考察，**调研"一带一路"倡议在该地区的建设进展情况及所面临的挑战。**

西巴尔干地区具有重要的地缘影响。作为连接亚欧大陆的陆桥和欧盟的屏障，西巴尔干地区（包括塞尔维亚、克罗地亚、阿尔巴尼亚、波黑、黑山、北马其顿等国）长期以来一直是国际势力博弈的焦点，其战略重要性不言而喻。其中，克罗地亚已于2013年加入欧盟，而其他国家也都以加入欧盟为优先目标。区域国家的入欧向心力使得欧盟成为该地区主要的利益相关者。随着中国—中东欧国家（"16＋1"）合作框架以及"一带一路"倡议在该地区相继落地，以中国路桥工程有限责任公司、河北钢铁厂为代表的中国企业在这一地区取得了重要成果，在民众和政府中已经树立起良好形象，区域影响力不断上升。

然而，中国与欧盟在西巴尔干的相遇引发了各界对于中欧之间在西巴尔干地区存在利益竞争还是合作可能的各类猜想。以德国为代表的部分欧盟国家公开质疑中国在西巴尔干进行"一带一路"建设的动机，对中国介入该地区抱有较强的戒备心理。因此，如何妥善应对欧盟质疑已成为"一带一路"倡议在该区域顺利推进所必须面对的议题。稳定的中欧关系是"一带一路"在西巴尔干地区乃至整个欧洲顺利推进的前提条件。

一 "一带一路"建设在该地区的进展

中国企业从2010年左右开始逐步进入西巴尔干地区市场，参与建设的"一带一路"项目从融资渠道到项目类别均逐渐实现了多元化。西巴尔干地区"一带一路"建设项目具备如下特征：

第一，**实现制度和规范对接**。以中国路桥通过公开竞标所获得的"佩列沙茨跨海大桥"项目为例，该项目为中国基建企业在欧盟市场第一个使用欧盟资金实施的大型基础设施项目。中国路桥在投标全程严格遵守欧盟相关法律法规，最终依靠过硬的专业技能、较低的施工成本、先进的管理经验以及丰富的国际化经验击败欧洲竞争对手。而塞尔维亚的泽蒙大桥和黑山南北高速等工程在设计、预算、施工、采购、分包以及验收等环节同样需要严格遵照当地乃至欧盟相关法律法规，并接受本地工程监理团队和业主方的监督和评估。

第二，**实现融资动能转化**。在"一带一路"建设前期，多数项目使用的是由中方银行提供的利息较低且还款周期长的优惠贷款。响应东道国"共同投资，特许经营"的倡议，当前中企在西巴尔干建设的一些项目已在融资上逐渐从优惠贷款转变为直接投资。如2018年8月山东玲珑轮胎计划投资9.94亿美元在塞尔维亚自贸区内建设1362万套高性能子午线轮胎项目就是直接投资的典型代表。而中国路桥已分别同塞尔维亚与黑山政府签订了以公私合营方式（PPP）承建E763高速部分标段以及南北高速剩余第二和第三标段的谅解备忘录，同样也代表了中企在海外运营融资模式的转型。

第三，**推进西巴尔干内部和周边国家的互联互通**。当前中国在西巴尔干承建的公路、桥梁和铁路项目对完善西巴尔干地区交通网络，以及助力其融入泛欧运输网络都起到积极的助推作用。其中，匈塞铁路是泛欧十号走廊B段支线，佩列沙茨大桥连接克罗地亚被波黑隔断的两部分国土，黑山南北高速北方延长线E763公路是泛欧十一号走廊的一部分。上海电力联合马耳他能源公司和远景能源开发黑山莫祖拉风电项目已投产，这对黑山清洁环保能源进入欧盟有重要现实意义，也是中资、欧资和当地经济三方合作共赢的标杆。

第四，**助力西巴尔干发展**。中企在西巴尔干地区的基础设施建设是助推西巴尔干在经济发展水平上向欧盟国家靠拢的重要动力。同时，中国企业为东道国培养了一批优秀的本土工程管理和技术人才，填补了当地基础设施行业的人员断层，为行业实现可持续发展提供了人力资源基础。此外，中企出资修建贝尔格莱德环城自行车道，路桥捐款完成黑山境内的塔拉河谷大桥修缮工作等活动都是积极履行社会责任，增强企业与当地社会的联系。

整体而言，中国在西巴尔干地区进行"一带一路"建设对当地的经济发展、基础设施水平的提高以及产业发展都起到了积极作用，同时也推动了西巴尔干的入盟进程。对于中国企业自身而言，还能以西巴尔干地区为窗口，熟悉欧盟市场规则并获得市场渠道，为进入欧盟市场积累经验。

二 欧盟的疑虑

西巴尔干是欧盟的东南屏障，该地区的稳定关乎欧盟国家的安全。欧盟以向西巴尔干许诺入盟前景来推进该地区在政治、经济和法治等方面的改革，最终帮助西巴尔干完成制度转型，达成欧洲一体化的目标。随着"一带一路"建设在西巴尔干地区不断推进，欧盟官员和机构对中国企业在这片"准欧盟"区域的活动提出了一系列质疑，主要包括以下四点：

第一，**在规范和制度层面，凸显了意识形态差异**。德国的莫卡托研究中心在其提供的一份研究报告中认为，中国"挑战欧盟规范，宣扬中国模式"。

第二，**欧盟担心中国资金进入西巴尔干会破坏该地区融入欧盟的向心力**。由于西巴尔干存在对于资金的迫切需求，而欧盟恰恰有能力提供这方面的帮助，西巴尔干的入盟意愿一直较为迫切，但是受制于西巴尔干改革进程无法满足欧盟标准，欧盟无法将大笔资金投入到该地区。中资的进入打破了西巴尔干漫长的等待过程，也间接地减弱了西巴尔干对于欧盟资金的需求，进而削弱了欧盟对该地区的影响力。

第三，**欧盟质疑中国给一些西巴尔干国家提供的贷款超过了其偿债能力**，并透支了这些国家未来的发展潜能，有设置"债务陷阱"之嫌。

第四，**欧盟内有声音认为中资基建项目可能对社会和环境造成不良影响**，具有不可持续性。有部分学者指出，中国往往高估基础设施项目的正面溢出效应，而低估了其潜在危害。相比之下，西方的措施则更具实用性，并且对特定项目的经济、社会与环境方面的后果都进行了充足的考量。这些保障措施符合发展中国家普通民众的利益。

对比当前"一带一路"建设在西巴尔干地区的进展和欧盟的质疑，我们可以较为清晰地看出，中方企业正在用实际行动消减欧盟对"一带一路"质疑，如中方不断推进制度和规范对接、实现投资动能转化、推动互联互通以及积极履行社会责任等，都是对"意识形态冲突"说、"债务陷阱"说和"不可持续发展"说等的有力回应。而至于其他小部分顾虑，如离心欧盟与西巴尔干国家、担忧新建基础设施的长期盈利能力等，则需要中欧之间通过长期合作来增信释疑。

三 促进"一带一路"倡议与欧盟规划对接

整体而言，"一带一路"倡议在西巴尔干的落地有助于欧盟的西巴尔干战略的落实，特别是对西巴尔干地区与欧盟交通和能源网络的对接起到了促进作用。"一带一路"倡议和欧盟战略之间并不存在根本性的矛盾。尽管中国企业在公开竞标大型基础设施项目的时候和欧洲本土企业存在竞争，但是这并不妨碍中欧突破互相间的刻板印象，谋求更好的合作。现阶段，中欧之间在西巴尔干的合作应以"中欧互联互通平台"为依托，通过推进中国与欧盟之间在规范、标准、资金和规划方面的进一步对接，有效推动中欧乃至亚欧互联互通的大格局。

第一，在规范对接方面，要注意分析西巴尔干东道国制度与欧盟规范之间的区别，**推进中欧在合作理念和技术标准方面的协调**。在合作理念上，中欧双方已就"一带一路"倡议与欧洲投资计划的对接展开磋商。中欧双方应在"以具体项目合作为导向的欧盟方案"和"以宏观战略对接为基础的中国方案"之间找到平衡。在技术标准上，应建设和利用好现有的"中欧双边标准信息平台"，为企业进入欧盟市场提供更全面的资讯。此外，中国应妥善应对欧盟关于基础设施建设项目公开招标的相关法律。当前，匈塞铁路匈牙利段正在进行的公开招标进程可能成为中国企业展示自身规范、回应欧盟质疑的机遇。

第二，**在融资合作方面，应积极推进与西巴尔干投资框架（WBIF）在该地区具体事务的合作**。同时还可进一步落实现有的合作框架，如中国财政部与欧洲投资银行签署的合作谅解备忘录等，深化中国金融机构和欧洲主要开发性金融机构的合作。同时，还可考虑加强与欧洲复兴开发银行的合作，如通过丝路基金对其增资。尽管欧洲复兴开发银行并非一个严格意义上的欧盟机构，但是其代理执行欧委会的行动计划。中国与这些欧洲机构的良好合作不仅能够进一步扩展中欧双方在资金方面的对接，更能够通过具体的合作来增进中欧双方之间的共同认知，实现增信释疑。此外还应鼓励有能力的民企"走出去"，私人资本的非官方属性能够部分地打消欧盟的顾虑。

第三，为更好地促进"一带一路"倡议和泛欧交通运输网络在设施、政策和资金等方面的无缝对接，2015年中欧峰会首次正式提出了**建设"中欧互联互通平台"**这一倡议。该平台现已成为中国和欧盟围绕基础设施议题进行沟通与协调的主要对话机制。至今，中欧双方已确定了包括中欧互联互通平台工作组会议、投融资合作专家组会议和主席会议在内的年度对话机制，并就协调技术标准和工作机制等内容制订了短期行动计划。2018年双方经商定推出了18个欧洲项目以及16个中国项目作为双方合作的试点，其中不乏匈塞铁路等重点建设项目。通过选择其中合适的项目，中企在未来有望获得更直接地参与泛欧运输网络建设的机会，为"一带一路"创造新的机遇。

第四，**积极在理念和实践上助推西巴尔干入盟**。在理念和舆论上坚定支持欧洲一体化，在国际平台，如"16＋1"合作纲要等文本中强调和申明支持西巴尔干加入欧盟是中国的一贯立场。在行动上，扶持当地产业，发展西巴尔干地区产业的国际竞争力。同时，一些中国优势企业还应肩负起培育本土人才的责任。民族冲突和经济萧条造成了西巴尔干地区人才的大量流失，导致一些产业出现了断层。中国在力所能及的情况下应该通过企业属地化经营过程，积极弥补这一断层，促进当地产业的可持续发展，培育其未来在欧盟内部的竞争力。同时，中国与欧盟还可考虑在官方层面合作，共同出资建设西巴尔干人才计划，将原先由中国企业所资助的留学项目与欧盟伊拉斯莫项目结合起来。

此外，**"打铁还需自身硬"，中企在提升国际竞争力方面仍有很大提升空间**。这对于想在竞争环境、竞争对手都比较特殊的西巴尔干地区进行投资和经贸活动的企业尤为重要。企业进入这一地区之前，一定要熟悉了解东道国和欧盟的相关法律制度、风土人情、市场环境等方面的情况，认真细致地做好项目的前期准备工作。特别是要做好人才储备，培养一批既掌握东道国语言、社会和文化等方面知识，又具备核心业务能力的高层次复合型人才。这样，才能在竞争中立于不败之地。同时，在同一国家的中国企业，特别是同一行业的中国企业，**要有抱团出海的意识，避免无序甚至恶意竞争**。对于大的国企而言要摒弃"老大"思想，克服在国内实际存在的按级别排座次的习惯，遵守市场经济规则，树立市场主体平等的观念，在实现合作共赢上发挥带头作用。

总之，从目前中欧在西巴尔干的交汇来看，中方"一带一路"建设中的大量基础设施工程将泛欧交通运输网络在西巴尔干的规划部分变成了现实。这既是"一带一路"与欧盟周边区域战略的对接，更可被视作中欧互联互通平台建设的初步实践。通过互补互应来实现互联互通有助于中欧跳出零和博弈思维，推动"一带一路"在欧洲行稳致远。

（中国社会科学院世界经济与政治研究所助理研究员　田　旭）

北极事务合作模式与开发"冰上丝绸之路"

——推进东北亚国家合作与交流的几点感想

本文要点：北极航道的建设在未来需要大量资金和技术支撑作为配套，俄罗斯若以一己之力进行建设则很难满足相关需求。中、日、韩、俄四国作为地区甚至全球有重大影响力的国家，目前大致已建立了北极事务的多边及双边合作关系，并逐渐向机制化迈进。北极航道建设若在"冰上丝绸之路"的框架下落实，可依托中日韩三国现有的北极事务合作作为基础，并以"中日韩俄＋X"模式拓展相关建设与运营。这样既能为北极航道开发利用提供可持续的支持，也能有效弱化中国参与北极航道建设的所谓"中国威胁论"之舆论影响。

北极事务合作模式与开发"冰上丝绸之路"

在研究工作中,笔者与俄罗斯的专家学者进行交流时注意到,他们对中俄北极航道双边合作特别感兴趣。笔者带着对中俄两国北极事务合作前景的思考以及自己过去的外访经历,对中俄外交互动进行了跟踪分析,就现阶段中国参与北极航道的开发建设与"冰上丝绸之路"的多边合作框架提出了自己的一些想法供读者参考。

北极航道包括东北、西北和极地中心三条线路,其中东北线始于俄罗斯西端的新地群岛,向东经俄罗斯北冰洋沿岸海域,至白令海峡,经过的基本都是俄罗斯控制的海域。**东北线是最具商业潜力和价值的线路**,本文的分析主要围绕东北航线展开。

2015 年俄政府主动邀请我国参与北极航道建设,2017 年进一步提出希望北极航道能够在"冰上丝绸之路"框架下得到推动。2017 年 6 月,我国发布了《"一带一路"建设海上合作设想》,正式将"冰上丝绸之路"纳入"一带一路"倡议总体规划。"冰上丝绸之路"的提出,大大提升了俄罗斯北极战略的地位,可有效缓和俄对中国参与北极航道的疑虑,并为俄罗斯实现自身目标提供了更加宽广的政治经济空间,也为中国参与北极航道建设创造了合作氛围。

一 俄罗斯独立开发北极航道的压力

俄罗斯是传统的海洋大国,**恢复海洋强国的地位是俄罗斯实现再度崛起并成为世界强国的重要支撑**。全球气候变暖不断激发北极地区的全球海洋航运和资源储备的潜力,并不断提升北极地区的全球战略地位,为俄罗斯借助自身在北极地区的地理资源优势实现强国梦想提供了机遇。俄罗斯非常重视北极航道的战略开发,2019 年 4 月俄罗斯总统普京宣布,俄政府将制定《2035 年前俄罗斯北极地区发展战略》,计划紧密结合国内投资规划推动北极航道开发。由于俄罗斯目前面临地缘政治压力，导致其对北极航道的战略管理投入有限。同时，北极地区的合理开发利用，涉及基础设施的大规模建设，也涉及对北极环境的必要保护，既需要大量的资金投入，也需要较强的技术支撑，而俄罗斯目前无论资金还是技术，都难以达到相关要求。

（一）地缘政治恶化，北极航道建设心有余力不足

近几年，随着波罗的海三国加入欧盟和乌克兰局势的演变，俄罗斯地缘政治局势有所恶化。**这些因素促使俄罗斯的首要国家战略重心重新从经济发展转向安全维护**。2015年12月31日，俄罗斯总统普京签署法令，批准了《俄罗斯联邦国家安全战略》的更新，将"巩固国防"列为首要国家利益。作为俄罗斯国家战略体系的纲领性文件，新安全战略提出要"在维护国家安全的基础上，创造和平与经济社会发展的活力"。按照新安全战略的思想，俄罗斯的经济发展位于政治安全之后，北极航道的开发利用显然短期内难以成为其倾力推动的国家行动计划。

（二）经济复苏困难，海洋安全基础配套建设严重不足

北极战略是俄罗斯海洋战略中非常重要的内容，但作为北极战略落实的重要内容——在北极航道开发和利用方面的投入却严重不足。20世纪60年代初，苏联开始建设并推动北极航道成为苏联的水路交通干道。苏联解体后，由于相关政府机构的解散，北极航道相关的基础设施被关闭或废弃，航道运行维护工作也基本停滞。目前俄罗斯还未能从单一的石油经济结构中实现转型，国际原油价格持续下跌使俄经济短期内难以走出低谷，加之持续的国际经济不景气和欧美制裁。因此，北极航道的建设在未来需要大量资金和技术支撑作为配套，**俄罗斯若以一己之力进行建设则很难满足相关需求**。

（三）对中国尚存疑虑，中俄深入合作有待时日

北极航线的建设对中俄两个全球大国均有重要战略意义。北极航线开通后，中国将成为俄罗斯最大的海运客户，中俄贸易合作也将得到重大促进，但中俄深入合作尚存障碍。俄罗斯对中国参与北极航道的疑虑一直存在，这将长期影响双方的深入合作。尽管俄罗斯在国际国内政治经济压力下，正日益放开北极地区的投资，多次公开倡议与中国开展务实合作，但部分建议大多停留在纸面上，具体落实的措施不多。

关于北极航道的双边合作，从俄罗斯与中日韩三国的合作程度上可以看出，**俄罗斯对中国的单方面合作一直持谨慎接触的态度**，但与日韩两国无论是在北极科考还是航道基础设施建设方面，都有较为务实的行动。例如，韩国大宇造船早已获得持续为俄罗斯亚马尔项目建造 Arc7 破冰级液化天然气破冰运输船的订单，目前已陆续建造交货。

为尽可能降低国际社会有关北极所谓的"中国威胁论"，保持与俄罗斯良好的大国关系，中国对北极事务的参与也较为谨慎。中、日、韩三国 2013 年就已成为北极理事会观察员国，但相比日韩两国 2015 年出台国家层面的北极参与政策，中国在俄罗斯多次主动发出以北极航道建设为核心的"冰上丝绸之路"倡议之后，才于 2018 年出台了相关政策。

二 "冰上丝绸之路"的多边框架分析

2017 年 5 月，在第一届"一带一路"国际合作高峰论坛上，俄罗斯总统普京表示，希望中国能利用北极航道，把北极航道同"一带一路"倡议连接起来。随后中国政府积极回应，并于同年发布《"一带一路"建设海上合作设想》，明确将"冰上丝绸之路"纳入"一带一路"倡议，计划与俄罗斯等相关国家共同参与推动北极航道的可持续开发利用和保护。**在"冰上丝绸之路"多边框架下开发北极航道有三方面的好处：**

第一，**可增强中俄两国的战略互信**。"冰上丝绸之路"是俄罗斯主动提出将北极航道建设与"一带一路"对接后，中俄共同对"一带一路"合作范围和形式的扩展，为俄罗斯北极航道相关国家的战略对接提供了平台。由于给予了主动和积极的智慧奉献，俄罗斯从中获得了更多地参与感和责任感，可减弱俄罗斯对中国参与北极航道建设的疑虑。"冰上丝绸之路"既是俄罗斯对"一带一路"的理念和原则的充分认可，也是对"一带一路"框架下推动北极航道建设巨大潜能的认可。因此"冰上丝绸之路"遵循**"共商共建共享"原则进行落实，将有效带动相关国家共同参与北极航道开发和保护**，同时也能通过多方参与来弱化中国在其中获得政治经济利益的影响，逐渐消除俄罗斯对中国参与北极航道的疑虑。

第二，**"冰上丝绸之路"的发展理念可确保北极航道的绿色可持续开发**。北极地区生态系统十分脆弱，一旦被破坏其后果将十分严重。"冰上丝绸之路"的开发建设，需要在最初就将环境保护和绿色发展问题放在首位。"一带一路"倡议紧密结合**绿色可持续发展的理念，为北极航道在"冰上丝绸之路"支持下的绿色发展奠定了坚实基础**。"一带一路"理念的发展完善，是不断结合可持续发展目标进行的探索实践，因此是中国引领相关国家践行全球绿色可持续发展理念的体现。"一带一路"倡议所提出的政策沟通、设施联通、贸易畅通、资金融通、民心相通五大核心行动，均兼顾了经济、社会、环境的均衡发展需求。作为"冰上丝绸之路"的重要推动者，中国在2018年所发布的《中国的北极政策白皮书》也特别强调，要尊重北极地区居民和土著人的传统和文化，保护其独特的生活方式和价值观，以低碳及绿色可持续方式开发利用北极资源。

第三，**"冰上丝绸之路"可吸纳更多沿线国家参与支持北极航道建设**。北极航道的建设运行，需要较大的资源投入，无法靠一国之力完成，只有通过国际合作、建立沟通协商机制等措施才能实现有效的开发合作。除了资金外，北极地区航运相关的技术经验也非常重要，借助"冰上丝绸之路"可吸纳更多相关国家参与建设。由于北极航道运行涉及亚欧非等诸多国家的贸易联通，不仅是北极航道沿线国家，而且其航线在陆地可联通的国家也将广泛受益。以亚洲国家为例，日韩作为东北亚地区的贸易大国，也将因为该航线联通亚欧非的便利而获得更大的贸易利润。这些国家在北极航道的开发保护中，都能够成为积极的行动参与者和资源智慧的奉献者。

三 合作模式宜采用"中日韩俄+X"机制

中日韩是北极理事会的正式观察员国，也是"一带一路"沿线政治经济影响力较强的国家。近年来，中日韩三国积极参与北极事务，不断完善三国合作对话机制，并分别与俄罗斯开展相关考察研究及基础建设合作，为"冰上丝绸之路"的有效建设运营奠定了较好的实践基础，也为中日韩俄建立多边机制并深入推动北极航道建设奠定了合作理念和内容基础。

第一，**中日韩是"一带一路"相关国家，也是北极事务重要利益相关方，具有对接"冰上丝绸之路"和北极事务的双重身份。**中日韩是贸易依赖度非常高的近北极国家，对国际海上通道的运输依赖非常强。由于北极航线可以作为替代苏伊士运河航线的新的物流路线，成为连接亚欧的新交通干线，三国自身对北极事务的关注早已开始。2013年北极理事会在瑞典召开的第八次部长级会议上，批准了包括中日韩在内的6个国家成为北极理事会正式观察员国，意味着三国将可以在北极事务全球最高议事平台发表自身的意见并参与相关治理活动。根据国际关系学界对"身份"认定的观点，中日韩三国自身对北极事务相关性的认同，以及北极理事会对其观察员身份的认同,从外部及内部的角度都体现了三国与北极事务的紧密关联,确定了三国在北极事务中的利益相关方地位。目前,三国已分别出台了国家层面的"北极政策",就北极事务做出了积极的政策安排,从北极环境维护、有序治理角度提出了各自参与的战略规划。

第二,**中日韩三国北极事务机制化合作正在形成**。目前中日韩三国北极事务高级对话会议已经召开四次,通过落实具体合作行动并完善配套工作机制,逐渐向机制化方向发展,为三国深入参与并推动北极航道多边合作积累了经验。**2015年第六次中日韩领导人会议上,三国决定建立中日韩北极事务高级对话会议机制。**2016—2018年,三国逐渐确定合作共识、合作项目、合作行动。2019年,三国则更进一步,通过专家组会议的引入,逐渐推动完善合作机制。在2016年的对话会议中,三方将科学研究作为先行合作领域。2017年第二次对话会议就三国共同实施海洋环境调查达成一致——将收集海洋污染现状和全球变暖的影响等各种基本数据,并确定就北极理事会专家工作组下的具体科研项目开展合作研究。2018年召开的第三轮会议则鼓励数据共享和进一步实施联合考察,并对向太平洋一侧的北冰洋的环境变化联合研究项目进展进行讨论。2019年第四次会议确定了三国高级对话会议下的专家组会议,对话会议得到进一步机制化推动。

第三,**"中日韩俄+X"北极事务多边合作的时机大致成熟**。俄罗斯拥有北极航道大部分区域管辖权,是北极理事会8个正式成员国之一,对北极航道的建设运营有极为重要的影响。**中日韩关于北极事务合作已经得到三国支持,但是否能够拓展到"中日韩俄+X"模式,主要取决于俄罗斯的态度和认同。**

目前俄罗斯对中日韩参与北极事务整体呈欢迎态度,并分别与三国就北极航道事务开展了内容和形式相近的合作,相关合作项目的开展和信息的交换正在逐渐加深各国间在相关领域的良好联系和理解。尽管中日韩与俄罗斯均未签订正式的双边协定，但从议事的内容和目标来看，基本集中于科学考察和基础设施建设方面，四国对合作内容的期待和认可具有同一性。同时，由于俄罗斯主动提出在"冰上丝绸之路"框架下推动北极航道建设，且中日韩三国作为"冰上丝绸之路"重要相关方，对其他国家参与建设将有较强的示范和带动作用，中日韩与俄合作共同推动并拓展北极航道建设开发，符合俄罗斯利益，并能得到其认同。因此**无论从国家意愿还是合作时机来判断，"中日韩俄＋X"的模式均可以作为北极航道具体落实的机制依托。**

（商务部国际贸易经济合作研究院研究员　王志芳）

海外中资企业面临的挑战与应对

——以中资企业的缅甸莱比塘铜矿项目为例

本文要点：在"一带一路"倡议的推动下，中资企业在海外投资的项目数量和资金规模不断增加，但同时许多中企海外项目面临着一系列风险和挑战。本文分析了中国万宝公司在缅甸投资莱比塘铜矿的情况，并总结了其化解风险的经验，其成功经验对中资企业应对海外风险的启示有：加强政府合作，保障中企利益；提高环保标准，消除生态隐患；承担社会责任，注重民心相通；主动正面宣传，做好企业公关。

"一带一路"倡议使中资企业"走出去"的步伐不断加快。然而,"一带一路"沿线多为发展中国家,投资环境并非都十分理想。同时,一些西方国家对"一带一路"倡议持警惕和疑虑态度,使得许多中企海外项目受到影响。2019年11月,笔者随团队赴缅甸调研,围绕澜湄合作、中缅关系、中缅经济走廊、在缅中资项目等议题与相关人员进行了深入的交流,重点考察了中企在缅甸实皆省莱比塘铜矿的投资与发展状况。

一 莱比塘铜矿项目合作的波折历程

莱比塘铜矿项目位于缅甸联邦实皆省南部的蒙育瓦市,投资方为中国万宝矿产有限公司,项目总投资10.91亿美元,矿区面积28.07平方公里,设计产能为每年10万吨阴极铜。2009年12月,中缅签署合作备忘录。2010年6月,中缅签署莱比塘铜矿矿产品分协议。2012年3月20日,莱比塘铜矿项目举行奠基仪式。2012年6—11月,莱比塘项目受到干扰,多次被迫停工。2015年1月,莱比塘项目复工。2018年12月,莱比塘项目达到年产10万吨的设计标准。在这一过程中,莱比塘项目经历了各方面的风险与挑战。

(一)缅甸社会与政治环境的变化

缅甸长期是军政府执政。2015年缅甸再次举行大选,民盟获胜并开始执政。政治转型使缅甸社会发生重大变化,缅甸社会对外开放程度提高,西方政治势力通过发展非政府组织(NGO)、资助政治团体、借助社交媒体影响舆论等形式日益在缅甸扩展其影响力。

特定的历史条件导致缅甸国内出现多元化的社会政治力量:其一,中央政府层面呈现"双权力中心"结构。虽然民盟政府相对于军方而言是一个非强力的政府,但拥有多数民众的支持。其二，地方政府层面呈现行政与司法相牵制的局面。缅甸各省邦的行政长官由执政党组建的联邦政府任命，而此省邦级行政长官所在的政党可能在地方议会中不占多数，可能导致地方政府与议会之间的权力牵制。其三，央地关系层面呈现"权力分配或利益分配不满"问题。由于资源分布不均衡，缅甸部分省邦与联邦政府之间在利益分配方面也会产生矛盾。其四，社会层面呈现"多力量中心"格局。除军方和民盟外，缅甸社会主要政治力量包括少数民族团体、佛教僧侣、NGO、媒体、在野党、其他合法政党、工会、学生组织等。

（二）变化带来的挑战

复杂的社会与政治因素导致包括莱比塘铜矿项目在内的许多中资项目在缅甸面临巨大的风险和挑战。

第一，**政治风险方面的挑战**。中方投资的莱比塘铜矿项目始于军政府时期，其合作方为联邦经济控股公司。此外，政治转型导致政治环境发生变化，如西方势力渗透缅甸的政治势力，在西方NGO和媒体的资助与煽动下，一些不明真相的缅甸民众加入反对中资项目的行列。

第二，**环保风险与挑战**。一方面，中方项目易受环保方面的攻击。中国在缅甸的投资大多数集中在能源或矿产领域，容易引起当地居民和环保组织的关注。另一方面，西方势力对该项目的"抹黑"言论会煽动当地民众。一些西方国家的势力不希望中国的海外项目取得成功，往往通过媒体抹黑中资项目并引导舆论走向，还通过NGO煽动和资助缅甸当地民众抗议，引发缅甸民众与中资企业的矛盾。

第三，**社会风险与挑战**。一是拆迁补偿与安置问题。莱比塘铜矿项目所在地区涉及不少农田征用和村舍搬迁，但土地补偿的标准低于民众的心理预期，这对项目建设提出巨大挑战。二是当地人的就业与生计问题。缅甸发展相对落后，政府治理能力与效率不高，当地政府和民众认为外资企业应负责解决搬迁居民及项目周边民众的就业与生计问题。三是当地社区发展与教育问题。当地社区发展和教育事业本应是政府的责任，但地方政府和当地居民也期待外资企业予以解决。如果中企不承担上述责任，项目就会遭到当地民众的抵制和反对，但承担相关不合理的要求与责任则会大大增加中资企业的负担。

第四，**宗教风险与挑战**。缅甸是一个以佛教为主的国家，不仅僧侣在缅甸有很大的政治影响力，佛塔和寺庙本身也对缅甸社会具有深远的影响。在莱比塘铜矿项目中，就涉及对佛塔的搬迁工作，这对继续推进项目构成巨大的挑战。

二 莱比塘铜矿项目的成功经验

面对一系列风险和挑战，万宝公司和莱比塘铜矿项目运营团队积极应对，成功化解了各种危机，赢得当地民众的信赖。

（一）应对政治风险与挑战的经验

第一，**通过多种渠道向缅方表达中国政府的关切**。莱比塘铜矿项目遭遇的挑战在缅甸并非个案，这受到中方的高度关注，中方通过多种渠道向缅方表达了对该项目的重大关切，敦促缅甸政府采取有效的保护和推动措施。2012年12月，缅甸政府成立调查委员会。2013年3月，该调查委员会出台调查报告，建议采取整改措施后继续实施项目。

第二，**妥善处理与当地政治组织和NGO的关系**。有缅甸的地方组织（如缅甸"88组织"）在开始阶段反对莱比塘铜矿项目，认为该项目存在合同不平等和不透明、补偿标准制定不透明、企业与民众信息不对称等问题。中方的万宝公司派人参加"保护莱比塘研讨会"，阐述中方的立场和政策，表明企业的态度和决心，较好地解决了对方的关切。

第三，**积极改进工作方式**。在莱比塘铜矿项目初期，征地和搬迁工作由缅甸合作方负责，但他们基本上采取通知或命令的形式，招致当地民众的不满，征地和搬迁工作一度陷入困境。在中资企业的努力争取下，缅甸合作方才同意中方人员开展工作。中方企业组织了8个工作组，持续6个月深入周边社区进行走访。除了集会宣讲，中方人员还创造性地实施逐户沟通，走进村庄，解答村民对项目的疑惑、了解其在社区帮扶方面的诉求，让更多的村民在更大程度上了解项目、理解公司。

第四，**修订产品分成协议**。2013年7月24日，中缅签订了莱比塘铜矿产品分成补偿协议。根据协议，莱比塘铜矿项目合作方由两方改为三方，其中缅甸资源环保部下设的缅甸第一矿业公司代表缅甸政府占产品分成的51%、缅甸经控公司占19%、万宝公司占30%。此外，补偿协议还明确项目2%的纯利润将用于社会环境投资。同年10月3日，莱比塘铜矿项目顺利复工。

（二）应对宗教风险与挑战的经验

第一，**处理好与缅甸僧侣协会的关系**。万宝公司与缅甸佛教各界进行广泛而细致的沟通，邀请包括缅甸国家僧侣协会主席在内的27位高僧出席意见征询会，最终达成同意搬迁佛塔的意见。

第二，**做好搬迁工作**。在搬迁佛塔当天，万宝公司邀请缅甸总统府部部长、实皆省首席部长、宗教事务部副部长等政府高官，以及27位高僧参与见证搬迁活动，协调好各方关系。

第三，**处理好与当地信众的关系**。当地民众几乎都是佛教信徒，会在各种节日和庆典时期到佛塔和寺庙参加活动。万宝公司不仅在新址重建了佛塔，而且扩建了寺庙，并定期为寺庙捐款，得到当地民众的认可。

（三）应对环保风险与挑战的经验

第一，**聘请国际权威机构负责环评报告**。为了提高项目的环保和生态标准，万宝公司聘请国际权威环评机构，采用最严格的国际标准,其报告成为缅甸首个获得政府批准的大型项目环评报告的样板。

第二,**确保生产过程中不产生环境污染**。莱比塘铜矿生产阴极铜,加工方法采用湿法冶金,即在水溶液中进行化学反应。为了确保不污染土壤和水源,企业采取措施防止水溶液流失和渗透,并循环利用和反复提取水溶液中的铜离子。

第三,**妥善处理生产过程中挖出的土方**。采矿过程中挖出的土石会被堆放在矿区内,为了防止堆场滑落或坍塌,企业严格按照规定落实边坡角度,逐层堆存,并对堆土场地表进行植被覆盖。

第四,**绿化矿区周边区域**。企业大力绿化营地和矿区周边区域,采取边开采边复垦的方式,累计完成复垦面积 30 万平方米。此外,企业对堆场进行绿化,在堆土上栽种树木和花草,力图实现挖一座山的同时再造一座山,坡面植被覆盖率达到 80% 以上。

(四) 应对社会风险与挑战的经验

第一,**增加土地补偿**。莱比塘铜矿项目的中方企业在法律规定的基础上,根据当地政府提出的赔付标准,发放了 500 余万美元的土地赔偿金,领取率为 100%。然而,随着缅甸整体社会环境的变化,许多失地居民要求增加土地补偿金。中方的万宝公司根据调查委员会和调查报告执行委员会的建议,又额外发放了两次土地补偿金。

第二,**保障村民生计**。一方面,莱比塘铜矿项目雇佣当地居民 3970 人,属地化率达到 89%,远高于缅甸外商投资法的规定。另一方面,铜矿项目为涉及失地内尚未在铜矿项目实现就业的村民持续提供待业补助金,目前已有 1008 位村民加入了该待业计划,累计支付待业补助金 65.76 亿缅币。

第三,**推动旧村搬迁**。由于矿区生产涉及一些村庄的搬迁问题,莱比塘铜矿项目为村民搬迁提供各种帮助,包括建设新村、修路、通水、通电等。在万宝公司的帮助下,两个村实现了 100%

搬迁，另外两个村实现部分搬迁，搬迁率分别为76.36%和61%。

第四，**帮助社区发展**。为了保证当地社区的长远发展，铜矿项目根据缅甸当地的气候和习俗等特点，无偿为村民创办了高密度聚乙烯厂、瓶装水厂、砖厂、运输队和养鸡场等小微企业，吸纳村民就业并免费培训技能。铜矿项目还为社区兴建了幼儿园、小学和中学。万宝公司已累计投入800万美元用于社区发展。

三 对中资企业应对海外风险的启示

中企在各国的挑战虽不完全相同，却具有很高的相似性，缅甸莱比塘铜矿的成功经验可以对中企应对海外风险提供启示和借鉴。

第一，**加强政府合作，保障中企利益**。发展中国家普遍存在政治不稳和治理能力低下的风险，政府轮替后常导致新政府废除或修改前政府签署的项目协议或合同。除了缅甸之外，中国在马来西亚和斯里兰卡的项目也面临这样的挑战。因此，需要加强与项目所在国政府的沟通、交流与合作，综合运用履约吸引与违约惩罚两种手段，推动该国政府保障中企的合法利益。

第二，**提高环保标准，消除生态隐患**。随着经济社会的发展和媒体日益发达，各国民众对生态与环境的要求越来越高，加之西方媒体和NGO常以生态和环保为借口抹黑中企项目，误导项目所在国的舆论和民意。因此，中资企业需要自我加压，提高环保意识和标准，在实施项目前做好环境评估报告，在实施项目过程中主张生态与环境保护，防止各种污染，消除项目所在国民众的疑虑。

第三，**承担社会责任，注重民心相通**。民心相通是最深入、最长久和最根本的互联互通，对于加强与相关国家的合作具有重要意义。促进民心相通的有效方式是了解当地民众的关切并解决他们的问题。尽管许多社会责任并非中资企业的义务,但为了更好地融入当地并获得理解和支持,中资企业可以在能力和成本许可的范围内尽量多承担一些社会责任,包括教育、民生和技能培训等。

第四,**主动正面宣传,做好企业公关**。对于在海外投资的中企而言,既要"干得好",又要"说得好"。如果企业说得不够,就无法应对突发危机事件,也不能很好地破除那些恶意的抹黑或者谣言,更不能最大限度地塑造和宣传企业形象。因此,海外中资企业要特别注重加强企业公关能力,不仅要及时公开项目的环评标准和结果,而且要通过多种渠道尤其是项目所在国的渠道发布当地民众关注的各方面信息,及时消除负面影响,并且积极宣传企业的正面形象。

(中国社会科学院亚太与全球战略研究院副研究员　孙西辉)

非洲国家发展与治理模式取向及对华认知

——赴乌干达、尼日利亚调研感受

本文要点： 中国取得的发展成就、积累的发展经验、探索的发展道路对非洲国家具有示范意义，非洲国家民众支持中非开展经验交流，并对深化中非关系持积极态度。同时，中国在对非软实力建设、对非政策宣介等方面存在短板。为此，中非经验交流的重心应设定于"发展道路"，避免介入政治体制等争论；在外交上积极支持非洲国家探索适合自身国情发展道路的实践；重视高校、智库、媒体和文化产业的对非软实力建设的作用。

在非洲 54 个国家中，绝大多数实行了多党制，但**民主政治的表象并没有改变非洲政治的复杂性，未能解决非洲的发展问题**。如何探索一条适合非洲国家自身国情的政治治理模式和发展道路，依然是摆在非洲人民面前的巨大挑战。

2019 年 3 月，笔者随非洲调研团对乌干达和尼日利亚进行了实地调研。两国的治理情况在非洲国家中具有国情上的代表性、政治轨迹上的典型性和发展道路上的差异性三个基本特点。本次调研采用问卷调查、专家调查、访谈调查相结合的方法，涉及两国学界、政界、青年学生、民众及中资机构工作人员等多个群体，获得了宝贵的一手信息和资料。

一　对两国的实地调研

（一）在乌干达的调研

第一，**汉语教育有望成为中乌合作新的增长点**。麦克雷雷大学是乌干达著名大学，被称为东非政治家的摇篮。笔者赴麦克雷雷大学参访期间，与该校孔子学院中方院长和外方院长进行了座谈。近年来，中乌经贸往来密切，中国成为乌干达第三大贸易伙伴、第一大境外投资来源国和工程承包国。中文教育在乌干达越来越受到重视和欢迎，需求量很大。麦克雷雷大学孔子学院揭牌于 2014 年 12 月，现有百名学生在学习汉语专业，参加中文短期培训人数已超过千人。目前，孔子学院正在与乌干达教育部合作，推进汉语教学大纲编写、管理层学习、师资培训等方面的工作。

第二，**乌干达青年政治精英认同中国发展道路**。笔者与乌干达青年干部代表进行了座谈，并向其发放了调研问卷。通过交流以及问卷回答情况了解到，参加座谈的执政党青年干部代表多数受中国政府邀请访问过中国，他们对中国的发展成就表示钦佩，希望学习中国的发展经验，并对深化中乌两国合作持支持态度。

有参与座谈的青年干部表示：过去曾经对中国抱有一些负面看法，但访问中国后他的态度有了转变，认为西式民主无法促进乌干达的发展，中国才是乌干达的朋友，希望两国能进一步加强合作。

第三，**对非软实力建设有待进一步加强**。在乌华商是乌干达探索适合自身发展道路实践的积极支持者，也是一支能够对乌干达具体政策产生影响的重要力量。乌干达华商总会是乌最具影响力的华商组织之一。现在的名誉会长也是麦克雷雷大学客座教授，曾协助创办该校孔子学院。他对乌干达的发展及中乌关系有着深刻的认识和判断。该会长在访谈中表示，乌干达华侨华人切实感受到了稳定的政局和对华友好政策给乌经济及在乌华商事业发展带来的积极影响。他呼吁中国应加大对乌干达文化、教育、体育的支持，认为增强中国在这些领域的影响力有利于为中乌关系和两国经贸合作进一步发展营造良好环境。

（二）在尼日利亚的调研

第一，**对非政策宣传有待进一步加强**。尼日利亚中国问题研究中心是尼日利亚首个中非关系和中尼关系的专业研究机构，该中心的建立得到了中国使馆的大力支持。笔者与该中心主任奥努奈居教授及中心其他研究人员进行了座谈。奥努奈居教授认为，目前尼日利亚国内对中国的发展政策、发展经验并不十分了解，该中心当前的任务就是向尼日利亚各界特别是决策层，提供更多关于中国经济发展、对外发展倡议以及对非合作政策的权威信息和分析，在两国间架起相互了解的桥梁。奥努奈居教授的新著《中国的现代化努力：从革命到改革》就是该中心工作的阶段性成果。

第二，**尼日利亚国内对共建"一带一路"抱有兴趣**。宾汉姆大学的格尔瓦教授致力于中非关系研究，并与尼日利亚中国问题研究中心有着良好的合作关系，笔者对其进行了访谈。格尔瓦教授曾经到访过中国，对中国的对外合作，特别是中非合作问题，有着强烈的研究兴趣。目前格尔瓦教授正在撰写关于中国"一带一路"倡议与中非合作方面的著作,他希望中国的这一宏大倡议能为非洲,特别是尼日利亚带来更多的发展机会。

第三,**二轨外交有助中非治国理政经验交流走向深入**。笔者赴阿布贾大学参访,向学生发放调研问卷,并与该校副校长和相关学者进行了座谈。访谈中,阿布贾大学学者表达了与中国学界建立合作关系的强烈愿望,认为中国的成功经验值得广大非洲国家分享,中非关系向纵深发展离不开理论创新的支撑,中尼学界的交流能够为两国关系的进一步发展贡献力量。

第四,**民众也关注腐败的治理问题**。笔者就调研主题相关的问题对民众进行了随机访谈。受访者多数认为中国与本国关系良好,中国投资为本国带来了发展。当地民众认为,在经济发展过程中,治国内的腐败问题也尤为重要。

二 调研问卷及结果统计

本次调研共发放问卷近300份,回收有效问卷196份。问卷(共10个问题)统计结果如下:

问题1:你认为21世纪以来在以下哪个领域非洲的进步最明显?受访者中有63.8%认为是"经济建设",选择"政治文化"和"社会发展"的分别为18.9%和16.3%,"安全局势"没人选择。

问题2:**你认为非洲国家是否有必要探索适合自身国情的发展道路?**受访者中有85.2%认为"有必要"。

问题3:你认为民主与发展的关系如何?受访者中有57.2%认为"民主带来发展",有13.3%认为"民主未必带来发展",有11.7%认为"这是个伪命题",另有16.3%选择"无法回答"。值得注意的是:乌干达执政党NRMO青年干部中有80%认为"民主未必带来发展"。

问题4：你认同西方国家对非洲民主政治的指责吗？受访者中有45.4%选择"部分认同"，选择"不认同"的为32.7%，"认同"的比例仅为19.9%。

问题5：**你认为判断国家治理是否成功的标志是什么？** 在这个问题上，非洲民众再次表现出了高度一致，有79.6%的受访者认为是"政治稳定、经济发展、民生改善"，而选择"多党竞争"和"选举政治"的分别只有8.6%、9.2%。

问题6：你认为你了解中国吗？47.4%的受访者选择了"一般"，27%的人认为自己"了解"，另有23.5%的人选择"不了解"。

问题7：如果有机会的话，你愿意去中国进修或工作吗？68.9%的受访者选择"愿意"，选择"一般"的占22.4%，只有8.2%的人表示"不愿意"。

问题8：**你认为你的国家与中国的关系怎么样？** 81.6%的受访者表示"很好"，认为"一般"和"不好"的仅为12.8%和4.6%。

问题9：你觉得你的国家应该如何处理与中国的关系？受访者中有62.2%认为需要"进一步加强"，表示"保持现状"的为33.2%，认为需要"拉开距离"的仅为4.1%。

问题10：**你认为在国家发展上存在所谓的"中国道路"吗？** 高达89.8%的受访者认为"存在中国道路"，认为"不存在"的仅占1%，还有9.2%的人表示"没听说过"。

笔者在对统计结果进行汇总后形成了如下认识：

第一，**非洲民众在探索适合自身国情发展道路问题上态度是鲜明的，对非洲经济的发展成就是肯定和乐观的**。在发展问题上，非洲民众并没有被西方媒体或外来舆论所裹挟。绝大多数非洲民众认为非洲国家有必要探索适合自身国情的发展道路。尽管贬低、唱衰非洲经济的各种论调不断出现，但仍然有63.8%的被访者认为21世纪以来非洲在经济建设领域取得了明显进步。

第二，**非洲民众多从务实角度看待民主问题**。今天的非洲民众对于多党制以及选举投票已经习以为常，多数受访者认为民主能够促进国家的发展。在被问及"是否认同西方国家对非洲民主政治的指责"时，受访者的选择呈现多样化。在被问及"什么是判断国家治理成功的标志"时，压倒性多数的受访者从三个备选项中选择了"政治稳定、经济发展、民生改善"，而不是"多党竞争"和"选举政治"。据此可知，非洲民众更多地从务实角度而不是从形式上看待民主问题，并相应地将民主、发展、治理作为近似概念理解，认为三者是高度相关且相互促进的关系。

第三，**非洲的治理是"政府主导、发展导向"的治理**。在西方推动下，治理成为非洲政治进程中的核心概念。西方在非洲推销的治理是"西式民主"的升级版，是与其相配套的。其核心内涵或内核仍是"多党竞争""选举政治"等要素，只是披上了治理的外衣而更具迷惑性。不仅如此，其强调的"政治参与的多元主义"在价值和实践上具有弱化政府作用的倾向，因此对非洲的发展来说负面作用更大。在新的发展进程中，非洲国家接受了治理的概念，但形成了不同于西方标准或诠释、带有鲜明非洲特色的治理模式的雏形，即"政府主导、发展导向"的治理（如乌干达）。这一治理模式是非洲国家在总结历史发展经验、教训的基础上，经过发展实践的检验不断形成的，是非洲国家探索适合自身国情发展道路的集中体现。

第四，经过半个多世纪的磨砺，**非洲在发展道路的探索以及发展伙伴的选择上更加清醒**。问卷的分析数据显示，绝大多数非洲国家和民众对中国评价积极，赞赏中国的发展道路，愿意在治理领域加强对华交流合作。中非合作的实践也证明，中国的对非合作，以政治（中非友谊）为引领、经济（市场）为导向，以国家为后盾、以企业为基础，与非洲国家关于治理、发展的认识高度一致，符合非洲的发展实际。

三 促进中非合作的几点建议

中国在开展对非合作特别是治国理政经验交流时，应注意以下几个方面：

第一，**中非经验交流的重心应设定于"发展方式"，避免介入政治体制、政党制度或意识形态的争论**。中国在探索中国特色社会主义道路过程中取得的成就，引起了非洲国家的赞赏和关注。但在对非合作过程中，过于强调"中国模式"并无益处，过多地探讨意识形态或政治体制容易引起误解和争端。在充分尊重非洲国家自主选择权的基础上，中非之间关于治国理政的经验交流应紧紧围绕"探索适合自身国情的发展道路"开展。

第二，**在外交上积极策应非洲国家探索适合自身国情发展道路的实践**。中非关系建立在"互不干涉内政"原则基础上，中国从不像西方国家那样对非洲国家内部政治事务指手画脚。同时也要注意到，非洲国家的治理或发展道路问题关系到中非关系、中非合作发展的大局。中国须在这一问题上做出明确判断、发挥建设性作用。在发展道路或治理模式的选择和探索上，对非洲国家有利于本国发展、符合中国利益的具体实践，中国应在充分评估的基础上，给予外交上的积极策应。这一方面有利于中国国家利益的维护，同时有利于在非进一步树立中国负责任的大国形象。

第三，**在合作中参与非洲"政府主导、发展导向"的国家治理**。21世纪以来，在探索发展道路的过程中，许多非洲国家并未按照西方的预期发展，而是与中国的发展理念高度契合，表现出明显的"政府主导、发展导向"特点。中国应抓住机遇，在国家治理的理念与机制等领域与非洲国家加强合作，在非洲发展的顶层设计上形成建设性的积极影响。这一方面有助于中国对非影响力的提升,另一方面也有利于非洲实现真正的发展。

第四,**中国在非洲的短板是软实力,而解决短板的关键在于高校、智库、媒体和文化产业**。教育界、媒体和智库是非洲与外部世界联系最紧密的社会群体,也是西方在非拓展软实力、影响非洲人思想的主要渠道。要想拓宽中国在发展道路问题上的"中国经验"的受众面,高校、智库、媒体和文化界是重要传播载体。过去,中国对非的影响力多集中于经济领域,特别是中国具有绝对优势的基础设施领域,对该领域的投资形象具体、影响直接,但其持续性极易受到政治局势、外交关系及经济形势变化的影响。而教育、文化正好相反,其影响力产生虽然缓慢,但最为持久。在当前中非关系持续快速发展的大背景下,中国应尽早加强对非的教育、文化投入力度,不仅要把非洲人"请进来",更应持续鼓励、推动中国教育、媒体和文化行业包括汉语语言教育"走出去",着力培养非洲国家的下一代知华人士,为中非友好合作筑牢根基。

(外交学院非洲研究中心研究员 赵晨光)

区域合作调研与分析

东北亚地区安全形势评估与展望

——俄罗斯"东北亚稳定与核问题"会议综述

本文要点：中、美、俄三国学者在东北亚地区安全、朝鲜半岛无核化与半岛和平机制构建等问题上既有共识也存在分歧。当前，半岛无核化和半岛局势处于一个十字路口上，既有无核化取得进展、实现重大突破的希望，也有发生逆转、重回对抗道路的风险。关键是美朝双方能否秉持"对等平衡"原则与"妥协"精神，就实现无核化的关键要素弃核概念、弃核模式、弃核步骤和弃核时间表等达成"一揽子"协议。同时，美朝双方就同步且并行建立半岛和平机制问题达成协议，实现平衡进展。

2019年8月，笔者参加了在俄罗斯圣彼得堡联合举办的"东北亚地区稳定与减少核威胁"研讨会，来自中、美、俄三国的20多位专家学者参加了会议。会议围绕东北亚地区安全形势、朝鲜半岛无核化、半岛和平机制构建等问题进行了深入研讨。与会学者认为，朝鲜半岛无核化问题正处于一个十字路口：一方面，美朝两国最高领导人保持着良好的个人关系，两人也表达出对实现无核化目标的热切愿望；另一方面，美朝在无核化关键问题上仍存在严重分歧，这致使双方谈判无法取得实质性进展，半岛无核化进程陷入僵局。

一　东北亚地区安全形势

美方与会代表认为，目前美朝矛盾焦点是解除对朝制裁问题，这个问题不仅关系到美朝无核化谈判是否能取得进展，也关系到今后朝鲜半岛局势的发展。从目前朝鲜半岛及各国的国内形势看，美国下一次总统大选前无核化问题难以取得实质性进展，**朝鲜半岛局势发展可能有三种前景**：一是**继续维持现状**。美朝遵守已达成的谅解，互不采取挑衅对方的行为。二是**美朝谈判取得一定进展**。美朝启动工作层面的磋商后，就今后无核化的阶段性措施，如弃核行动与部分解除制裁挂钩等达成一致。三是无核化问题出现逆转，**美朝重新进入对抗状态**。现在由于特朗普把赢得大选作为其主要执政目标，他有在朝鲜问题上加分的政治需要，即使半岛无核化进程无法取得进展，也需维持半岛的局势稳定。

俄方与会代表认为，美对朝"极限施压"效果被美方过分夸大，美方需要在谈判中体现出灵活性，如**在解除对朝制裁和冻结朝核计划问题上寻求突破**。当前，朝鲜半岛局势面临时机，即有关各方应凝聚共识，增加互信，通过加强多边外交、以多边外交与双边外交相结合的方式，维护朝鲜半岛局势的稳定。美国退出

《中导条约》后寻求在亚太部署陆基中短程导弹，将引发大国在亚太地区的军备竞赛，给朝鲜半岛无核化进程增添复杂因素。

二　无核化问题

美方与会代表认为，朝鲜放弃一切核武器与核计划，重返《不扩散核武器条约》（NPT）并接受"国际原子能机构（IAEA）"的核查保障监督，是实现半岛无核化的关键。目前讨论朝鲜拥有和平利用核能权利的议题尚不成熟。美方还认为，朝鲜关切的解除制裁问题，也应在朝鲜无核化进行到一定阶段时解决，只有朝鲜采取具体的无核化实际行动之后，美方才可能考虑解除包括在石油、食品、纺织品等领域的部分制裁。

美朝现在仍保持敌对状态，只有先结束敌对状态且无核化取得一定进展，才能开始建立半岛和平机制。半岛和平机制可考虑通过具有法律约束力的条约、"和平宣言"或"终战宣言"等方式实现，中、美、朝、韩都应参与其中。安全保障机制应遵循对等原则，美方承诺不寻求更迭朝鲜政权、不采取先发制人打击战略、不对朝鲜使用或威胁使用核武器、不以常规力量进攻朝鲜；朝鲜则应承诺不入侵韩国、不采取挑衅美国的行动等。

俄方与会代表认为，朝鲜半岛无核化取得进展，关键是**各方要秉持"承诺对承诺，行动对行动"原则**。当前，朝鲜关切的半岛无核化不仅有制裁问题，更涉及消除美对朝威胁、美朝关系正常化、朝鲜拥有和平利用核能权利等问题。未来安理会五个常任理事国负责实施对朝鲜无核化的核查，IAEA则负责对朝鲜的保障监督。"六方会谈"经验值得借鉴，各方应综合考虑朝鲜半岛无核化、和平机制、安全保障、经济发展等问题，特别是对朝鲜浓缩铀和洲际弹道导弹计划、解除对朝制裁等难点问题一并提出解决方案。**安全保障机制应是包括半岛主要当事方的多边协议，美朝**

之间的安全保障不能损害俄罗斯和中国等国的利益。

三 半岛局势和无核化关键问题分析

当前，半岛无核化问题陷入僵局，双方既有共识更有分歧，且分歧远大于共识，有关各方对一些问题的认识存在巨大差异。对于半岛局势和无核化进程涉及的一些问题，分析如下：

（一）美朝越南峰会无果而终的原因

2019年2月27日，第二次美朝首脑峰会在越南河内举行。峰会前，美朝两国领导人都展现了乐观之态，各大媒体对此次峰会都寄予了较高预期，各种迹象显示美朝将在这次峰会上签署核协议，半岛无核化将取得重大进展。但在签署协议前，双方没有达成共识，被寄予厚望的越南峰会无果而终。

究其原因，美方称，朝鲜要求解除全部制裁，却只答应拆除宁边核综合设施，并非全部核设施，即使是解除部分制裁，也可能为朝鲜带来几十亿美元的收入，这有可能会帮助其发展大规模杀伤性武器。而朝方称，朝鲜要求的内容并非解除全部制裁，只是解除11个联合国制裁决议中的5个制裁决议，这些制裁涉及金属、煤炭、海产品出口、运输设备、石油进口等民生和经济发展的人道主义项目。若解除上述制裁，作为回报，朝鲜将拆除宁边核综合设施。

第一，美朝越南峰会无果而终的表面原因是双方没有就彼此关切达成一致。 美方要价是即便部分解除制裁，也要与朝鲜全部放弃核项目挂钩，而朝鲜则是以放弃主要核设施换取部分制裁的解除。从对等平衡原则看，美方要求过于苛刻，而朝方要求有合理性。自2018年朝鲜对国家政策进行重大调整后，先是中止了核试验和远程导弹试验，而后炸毁了核试验洞库及设施、拆除了远程导弹试验场等设施，这是具有真正意义的无核化行动。对此，作为实施制裁的另一方（无论是联合国还是美国）应采取减缓制裁等相应措施，这不仅符合对等平衡原则，也是鼓励朝鲜在无核化道路上继续走下去的应义之举。

第二，**越南峰会无果而终的中层面原因在于美国的具体工作层与特朗普在朝鲜核问题上存在根本分歧**。按照国际外交惯例，在两国最高领导人会面前，两国应就要达成的协议基本达成一致，工作层应准备好要签署的协议文本，即使没有就所有问题达成一致，也应就关键议题达成一致，两国元首会面将签署协议。而这次越南峰会却出现反常现象，在峰会中，美朝仍存在重大分歧。从美朝各自的政权结构来看，问题发生在美方身上，以国务卿蓬佩奥为首的谈判团队与总统特朗普存在严重脱节。更直白地说，蓬佩奥与特朗普在朝鲜核问题上的目标不一致，蓬佩奥、博尔顿等人仍秉持对朝强硬立场，执着于"一次性弃核""先弃核、后给予"的高要价，美方工作团队并没有真正做好签署协议的准备。

第三，**越南峰会无果而终的更深层原因在于美国精英层对朝鲜核问题有深入的战略盘算**。朝鲜核问题的解决将导致半岛南北关系进入和平稳定状态，韩国将失去安全威胁，美国在韩驻军将失去依据和借口，美在朝鲜半岛、东北亚的军事联盟体制，以及美对东北亚政治安全的主导力将受到根本威胁，这是美国绝不能接受的。

（二）**朝鲜半岛无核化的含义**

第一，"半岛无核化"含义。按照国际核军控标准和历史实践，"半岛无核化"应指朝鲜、韩国均成为无核武器国家，在国际原子能机构的核查保障监督下，**朝鲜半岛实现无核武器存在**。不仅如此，基于半岛地缘政治安全结构，朝鲜半岛应变成无核区，排除在半岛存放、部署其他国家的核武器的可能性，以消除朝韩两国发展核武器的动因。

第二，"**弃核**"概念。就目前美国处理朝鲜核问题所反映出的态势看，存在以下三个"弃核"概念：

一是**原始"弃核"概念**：从弃核要义看，弃核是指**当事国放弃拥有和发展核武器**，为此，当事国应该将所拥有的核弹头、核武器部件、用于核武器的武器级核材料交出并予以销毁或转用（核材料民用），撤销核武器研究机构，拆除或销毁核武器生产、试验等用于发展核武器的设施，这是弃核概念本身应有的内涵。但从世界的弃核实践看，由于国际战略格局的不平衡和国际政治互信度不高，弃核内涵被扩大化了，产生了另外两个异化的弃核概念，一个是"延伸弃核"，另一个是"全面弃核"。

二是**"延伸弃核"概念**：在上述弃核概念基础上，**当事国将放弃铀浓缩和后处理也置于弃核范畴**。有些国家认为，仅仅放弃拥有和发展核武器并不能确保弃核国不能发展核武器，因为只要保持铀浓缩和后处理能力，就能保持生产武器级核材料的能力，在做出政治决定时就能在短时间内制造出核武器。因而一些国家坚持当事国放弃铀浓缩和后处理权利，这样的典型例子是美国和伊朗围绕核问题的纷争，双方围绕伊朗的铀浓缩问题互不相让。

三是**"全面弃核"概念：当事国将发射工具的弹道导弹也置于放弃范畴**，甚至将生化武器也包含在放弃范围之内，显然这是远超弃核本身内涵的一个概念。目前，特朗普政府对伊朗就采取了这一立场。2018年5月8日，特朗普宣布美国退出伊核协议，要求重新谈判伊核协议，提出将弹道导弹置于协议内容，并随后对伊朗采取了制裁措施。

（三）朝鲜半岛和平的含义与实现

第一，基于半岛历史与现实、格局与地缘而言，**"半岛和平"的含义就是：解除现有敌对状态，消除战争动因，建立和平机制，同时还要建立和平保障机制**。这涵盖"半岛和平"构筑的两个止损机制和两个增益机制。

第二，如何实现半岛和平。一是**发表"终战宣言"**：宣告正式结束半岛战争状态，开启和平机制构筑进程。这只是政治宣言，虽无法律效力，但具有重大政治意义。二是**签署"和平条约"**：双方达成旨在互不侵犯、互不使用武力和威胁使用武力、和平相处的和平协议。三是**美朝关系正常化**：美朝建立外交关系，建立正常的国与国之间的关系。四是**建立多方参与的半岛和平保障机制**：签署多方共同参与的"和平保障协议"，以保障协议的有效性、稳定性、可靠性，即若一方违反和平协议或退出协议，其他各方和联合国等有关方面应对违反者进行惩罚，并向违反协议的受害者提供相应的帮助和支持，以弥补因此而受到的利益损失，如为其免受安全威胁、经济损失提供必要帮助与支持等。该机制需得到联合通过以国际法形式确认。五是**实现途径为"双轨并行"**：实现半岛无核化与建立半岛和平机制同步并行推进。

（四）朝鲜半岛无核化的关键要素与措施

第一，实现半岛无核化的关键要素是美朝双方对实现半岛无核化的原则与精神是否有一致的认识，即"对等平衡"原则与"妥协"精神。在这一原则和精神下，双方就无核化的关键问题是否达成一致：一是**弃核概念**，三个弃核概念，即原始"弃核""延伸弃核"以及"全面弃核"，到底是哪个？二是**弃核模式**，"一次性"弃核，还是"分步"弃核？三是**弃核步骤**，双方在各个阶段应采取的对应措施。四是**弃核时间表**，总时间和各个阶段时间。

第二，朝方应采取的措施与负责事项包括：一是**停试**，停止核试验和导弹试验（国家技术手段可核查）。二是**停产**，停止核武器和武器级材料生产：停止核装置及部件生产，停止相应的铀浓缩、后处理及重水堆生产；停止相应导弹生产（IAEA 和国家技术手段可核查）。三是**申报**，内容包括核装置及部件的数量及地点、核装置及部件的生产加工厂、武器用材料数量及地点、铀浓缩厂、后处理厂、核材料元件加工生产厂、反应堆；导弹及部件数量及地点、导弹及部件生产厂；核试验场及设施、导弹试验设施；核武器研究机构、导弹武器研究机构。四是**核查**，国际机构（IAEA或成立的多边机构）对申报内容进行现场核实确认，并核查确认有否未申报的违禁物项。五是**封存与标签**，对核查确认的物项进行封存并标签，以防篡改、盗用并利于识别。六是**转运**，运输到待销毁的地点。七是**销毁与转用**，对核装置和导弹及其部件进行物理销毁，对核材料进行转化应用（民用）。

第三，**美方应采取的措施与负责事项**包括：一是**达成"终战宣言"**，宣告正式结束战争状态，开启和平机制构筑进程，这将具有重大政治意义。二是**放松对朝制裁**，推动解除涉及人道主义物项的单边和联合国对朝制裁措施。三是**达成"和平条约"**，达成旨在互不侵犯、互不使用武力、和平相处的和平协议。四是**全部解除对朝制裁**，解除所有剩余的对朝制裁措施。五是**美朝关系正常化**，美朝建立外交关系，建立正常的国与国之间的关系。

（中国社会科学院世界经济与政治研究所
副所长、研究员　邹治波）

加强中国与澜湄五国农业合作的政策建议

——老挝万象国际农业合作会议综述

本文要点：中国—东盟 FTA 的签署有力地促进了中国与大湄公河次区域国家的农产品贸易、投资和产业合作。中国对区域内其他五国农业投资的扩大不仅带动了澜湄五国对中国农产品的出口，也提升了五国的农业技术水平和生产效率。但与此同时，中国企业在该区域的农业投资也面临着政治、自然环境、市场和商业环境等诸多风险。我们可从以下几个方面加强与澜湄五国的农业合作：完善合作机制，优化产品与国别结构，打造农业全产业链，加速自由化与便利化改革，建立农产品合作专项基金。

"中国—东盟 FTA（以下简称 CAFTA）对澜沧江—湄公河国家农业合作的影响"国际研讨会于 2019 年 8 月在老挝首都万象举行。会议由老挝人民民主共和国的产业和贸易经济研究所主办，来自大湄公河次区域六国的 50 余名代表参加了会议。与会者对 CAFTA 签署后澜湄国家间的农产品贸易、投资及农业合作的发展进行了热烈而深入的讨论，一致认为 CAFTA 有力地促进了中国与其他澜湄国家间的农业发展和区域合作，并真诚期望以澜湄合作机制为引领，以 CAFTA 升级版为契机，进一步加强澜湄国家间的农业交流与合作。

一 CAFTA 对澜湄农产品贸易的影响日益显著

澜湄国家间地理毗邻、海陆相连，区位优势显著，在农产品、农业投入和农业技术等方面具有明显的差异性，因此**具有广泛的合作基础**。从地理位置上看，中国大部分领土处于温带，在温带果蔬和畜产品加工方面具有优势，而其他澜湄国家处于热带与亚热带，在热带果蔬上具有明显的竞争优势。自然禀赋差异铸就双边农业合作的深厚根基与独特优势。**在农业生产及相关技术上中国具有明显的优势**，中国生产的农机具和农药化肥等农资产品在澜湄五国有很大的市场潜力。此外，随着经济持续增长，农业结构供需矛盾凸显，**中国农副产品进口需求强劲**，也为澜湄国家间的农产品合作创造了机遇。

2004 年 CAFTA"早期收获计划"的启动，给澜湄国家间的农产品贸易，特别是**为澜湄五国对中国的农产品出口提供了战略机遇与广阔市场**。2010 年 CAFTA 全面正式启动，澜湄国家间的农产品贸易以此为契机而获得快速增长，相互之间依存度不断提高，**中国逐渐成为澜湄各国农产品的重要贸易伙伴**。

从国别的角度看，越南和泰国农业生产条件优越，近年农业发展迅速，农产品出口增长显著。老挝、缅甸和柬埔寨农业基础相对薄弱，同中国的农产品贸易额较低，但随着中国的投资快速增长，三国对华农产品出口持续增加，且贸易顺差趋势显现。

在澜湄国家中，泰国与中国农产品贸易额最大，并且双边贸易额持续快速增长，与其他澜湄国家相比处于领先地位。特别是在2010年以后，中泰农产品贸易快速增长。2010—2017年，泰国对华农产品的进口和出口年均增长率分别为10.7%和16.5%，处于逆差状态。中国从泰国进口的主要农产品有蔬菜、水果和坚果、谷物等，中国对泰国出口的农产品为水果、坚果，鱼和甲壳类动物，产业内贸易特征比较明显。

越南是中国在澜湄国家中的第二大农产品贸易伙伴。在中越农产品贸易中，越南一直处于顺差状态，且规模不断扩大。CAFTA的全面启动使中越农产品贸易额获得持续快速增长。2010—2017年，越南对华农产品进口和出口增幅高达244%和289%。可以看出，越南的出口增速要明显高于进口增速。产业内贸易的特征同样明显，进出口产品以水果、蔬菜、坚果和谷物为主。

柬埔寨、缅甸和老挝的土地资源丰富，但农业基础薄弱，生产效率低下，农产品以自给自足为主，与澜湄国家的农产品贸易有限。但自**CAFTA启动后，柬埔寨、缅甸和老挝三国与中国的农产品贸易平稳增长**。特别是随着中国对三国农业投资的增加，三国对华的农产品出口增长较快。缅甸和柬埔寨的对华农产品贸易分别于2013年和2014年由逆差转为顺差，且呈不断扩大之势。老挝的人口少，土地资源丰富，吸引了很多中国的投资者到老挝生产土地资源密集型产品，然后返销中国。所以老挝对华农产品贸易一直处于顺差状态，且以谷物为主，产品较为单一。

总之，与会者一致认为，**CAFTA有力促进了中国与其他澜湄国家间的农产品贸易，且中国从澜湄国家的进口要明显高于出口**。这一方面说明中国对农业品的需求更加旺盛，另一方面也说明中国在澜湄国家的投资主要是资源寻找型的,利用澜湄国家丰富的土地和劳动力资源满足国内对农产品的需求。此外,**农产品的产业内贸易特征比较明显**。如蔬菜水果既是主要的进口产品也是主要的出口产品,同质产品的互补性比较强。

当然,在农产品贸易快速发展的同时,也存在一些问题:一是**海关程序烦琐、口岸基础设施落后,导致通关效率低**,成为影响区域贸易的主要原因。这是因为进出口农产品主要集中在水果蔬菜和活动物等类别商品,这类产品对通关时间等贸易便利化水平有更强的敏感性。二是**中国与澜湄国家的农产品产业内贸易趋势明显**,存在同质化竞争以及在价值链低端竞争的现象,没有发挥出中国在农产品加工产业方面的优势。

二 中国的农业投资促进了农产品贸易增长

澜湄各国均是传统农业国家,农业是经济支柱产业,对澜湄各国经济发展、农民就业、农村脱贫意义重大。其中泰国、越南、缅甸是世界著名的三大谷仓,泰国是世界最大的天然橡胶生产国;越南、老挝是世界咖啡主要生产国和出口国;柬埔寨的大米生产和出口对世界具有较大影响。澜湄地区自然条件优越,土地肥沃,劳动力成本相对低廉,农业资源禀赋优良,是亚洲乃至全球最具发展潜力的地区之一,未来农业开发的潜力和前景广阔。

同时,受资金匮乏、技术落后、人才滞后和基础设施薄弱等瓶颈因素的制约,澜湄国家农业资源开发利用不足、农业生产水平和生产效率偏低,亟须引进先进适用的农业技术、资金、人才,加强农资农机装备等产能合作,提高区域国家粮食生产能力和农业现代化发展水平。CAFTA 为中国对其他澜湄国家的投资创造了机遇。经过近十年的发展,中国对澜湄国家农业投资取得了长足发展,有力地促进了澜湄国家之间农产品贸易的发展。

（一）中国对澜湄其他五国的农业直接投资出现跨越式增长

自"早期收获"计划起，中国对东盟国家的直接投资就进入快速增长通道。2007年对东盟直接投资存量增长超过124%，特别是对澜湄国家的投资增长迅速。截至2017年，中国对东盟国家的投资存量排序为：新加坡、印度尼西亚、老挝、缅甸、柬埔寨、泰国、越南、马来西亚、菲律宾和文莱。澜湄五国分别排在第3—7位。特别是老挝和缅甸的排名分别从2003年的第8位和第7位上升至第3位和第4位。

近年来，中国对澜湄国家的农业直接投资呈现出跨越式增长势头，已在农业种植、良种培育、农技培训、农产品贸易等领域开展了合作，且成果显著。2017年，中国对澜湄五国的农业投资占东南亚地区农业项目总数的76%，其中500万元以上的农业项目达70多个，农业对外投资额同比增长80%。农业投资涵盖农、林、牧、渔、服务和加工等各行业，产业链条不断延伸，合作主体和方式不断丰富。

目前，**中国对澜湄国家农业的总体投资格局由泰国"一枝独秀"转变为"两驱+三辅助"**。近年来，越南奋起直追，地位上升，泰国、越南两国成为区域农业投资"双引擎""两驱动"，柬埔寨、缅甸、老挝三国占比虽然偏低，但投资增长较快。

（二）农业直接投资对农产品贸易的影响

中国对澜湄国家农业投资的增长，有力地促进了澜湄五国农业经济的发展。澜湄国家农作物种植面积不断扩大、农业机械化生产程度逐步上升、合理施肥的科学农业技术也逐步推广，有力地促进了农产品贸易的发展。事实上，在中国与澜湄国家的农产品交易中，包含了很多中国企业在东道国生产的农产品，主要是种植业产品。

农业投资的增加带动了澜湄国家间农产品生产价值链上其他产品进出口的增长。如化肥和农业机械，以柬埔寨为例。由于国内工业薄弱，基本没有大型的化肥生产厂，柬埔寨的化肥基本是进口。2000年时柬埔寨的肥料进口量为302.16万美元，而在2010年，柬埔寨的化肥进口量增长了十倍，达到了3444.35万美元。在农机方面，柬埔寨的机械工业基础很弱，大型拖拉机和农机产品都靠进口。中国农机产品制造成本低、质量好、技术水平适中，售价比欧美及柬埔寨邻国生产的价格低很多，且灵活适宜于家庭自用。CAFTA签署后，中国农机、饲料产业走进柬埔寨，有力促进了中柬农机贸易的发展。

（三）中国对澜湄国家农业投资的风险与挑战

受资金、技术、人才、基础设施等瓶颈因素的制约，澜湄五国农业资源开发利用不足、农业生产水平和生产效率偏低，使得中国企业在该区域的农业投资面临诸多风险：

一是**政治风险**。澜湄五国的经济发展相对落后，政局不稳定，领导人更替频繁，产业政策延续性不强，法律制度不健全，给投资企业带来了不小的投资风险。中国与泰国、缅甸的经贸合作就曾受到东道国国内政党更迭的影响。

二是**自然环境风险**。农业是弱质产业，面临的自然灾害风险明显大于其他行业，如洪水、干旱、农虫害、动物疫病等灾害会造成农业投资的突发性风险。澜湄地区旱雨季分明，经常遭遇洪涝和干旱灾害。

三是**市场风险**。虽然农产品需求是一种刚性需求，相对比较稳定，但从供给的角度看，因受众多因素影响，农产品国际市场价格经常大起大落。此外，中国农业企业在东南亚一些资源较好、潜力较大的区域，存在产业扎堆投资的现象，在东道国出现恶性竞争的负面行为，使得市场竞争越来越激烈。

四是**商业环境风险**。在土地政策方面，澜湄国家法律一般禁止外国企业和个人拥有本国土地，或严格限定获得本国土地尤其是耕地的使用条件。中方部分企业在立项前对开发用地的产权归属掌握不清，造成企业在实施项目时障碍重重。此外，外资缺乏法律和相关司法保护。

三 加强中国与澜湄五国农业合作的政策建议

（一）增进政治互信，完善合作机制

农业的重要性与基础性地位使各国政府在对外合作中忧虑而慎重。因此，要密切高层互访，增信释疑，促进政策对接，增强部门对话。同时，要注重宣传与解释，促进民间交流，夯实民意基础。要明确合作方向与路线，密切结合澜湄国家农业资源优势与特色，建立合作"项目库""主菜单"。建立农业技术合作中心、农业合作专家智库。重视农业开放合作中风险预警与防范机制，建立合作成效的动态评估方案，对合作中的问题、障碍、争端予以监控与调适。

（二）优化产品与国别结构，凝聚合作共识

合理规划引导农产品贸易结构优化与升级，转变"粗放型"合作模式。成员间经济实力差别与参与度不均造成合作利益分配与"向心力"差异。中国需立足自身农业经济实力及资金、技术、人才、设备优势，加大对柬埔寨、缅甸、老挝三国倾斜，细分目标与明确路线图，增扩优质产品进口，优化利益分配。

（三）打造农业全产业链，促进"升级版"合作

中国与澜湄国家的农业合作要立足彼此优势和资源禀赋，打造农业全产业链。澜湄国家农业经济实力落后、规模有限、产业链短、层次低端、农业现代科技与设备使用普及率低，这些因素都束缚了生产力。因此，要发挥中国农业生产、种植、管理比较优势，推进农业合作示范园建设。鼓励和引导中国农产品加工类企业参与合作，提升澜湄国家农产品加工、储存、运输能力。

(四)加速自由化与便利化改革,实现顺畅发展

务实推进农产品领域非关税壁垒改革,减少和清除贸易"藩篱",提高自由化与便利化程度。统筹亚投行、丝路基金和"澜湄合作"专项基金作用,完善区域内互联互通设施建设和农村生产生活设施建设,疏通区域内互联互通,完善地区联运,升级中越、中老、中缅口岸基础设施,增强海关检验检疫部门的合作,探索区域性农产品互认体系,提高通关效率,降低物流费用,再造合作区位优势。

(五)建立农产品合作专项基金,抵御外部风险

农产品贸易合作发展易受自然与国际因素干扰。澜湄国家的综合实力不强,抗风险能力偏弱。建议建立各成员国农业与相关外贸部门协调机制,增进区域内农业合作。专设"农业与农产品贸易合作发展基金",建立专项风险评估制度,搭建区域性农业信息共享平台,提升各成员抵御外部风险的能力。

(中国社会科学院世界经济与政治研究所研究员 倪月菊)

欧洲学者眼中的中欧关系和世界经济
——出访波兰、德国、意大利三国感想

本文要点：波兰、德国、意大利三国学者普遍认为，英国"脱欧"、欧美关系、欧盟大选是欧盟一体化的三大不确定性因素。德国学者认为，2018年是德国宏观经济形势较好的一年，就业状况和生活质量均创历史纪录，德国经济不会陷入衰退，但德国未来经济增速仍会放缓。意大利学者提出，习近平主席访问意大利让各界加深了对"一带一路"倡议和相关议题的了解。波兰学者认为参与中国的"一带一路"、亚洲基础设施银行以及人民币国际化，对波兰将是很好的机遇。欧洲学者都认同中国在过去40年间取得了非凡的成就，同时还非常关心中美欧三方之间的技术竞争。

2019年4月，笔者随考察团访问了波兰、德国、意大利三国。考察团学者与欧洲学者在欧洲经济形势、欧洲一体化、中欧关系、中国改革开放进程、中美经贸摩擦与欧美关系、全球治理等领域进行了坦诚、深入的交流。

一 欧洲学者观点综述

（一）欧洲经济形势

德国宏观经济评估专家委员会（五贤人会）在德国享有盛誉。五贤人会认为，**2018年是德国宏观经济形势较好的一年**，就业状况和生活质量均创历史纪录，但德国未来经济增速仍会放缓，原因主要有三个方面：一是暂时性因素：政府出台汽车、化工行业新规制；自然灾害因素。二是德国近几年经历了第二次世界大战以来最强劲的增长，导致很多经济部门出现饱和，需要新的增长动力。三是受全球经济疲软、中美经贸摩擦、英国"脱欧"等外部因素影响，企业投资犹豫不决。而且在全球经济增长放缓的大背景下，作为出口大国的德国必然受到外部经济影响。

2018年11月，五贤人会预测德国2019年经济增长率为1.5%，现在修正为0.8%。2020年经济增长率预计为1.7%。五贤人会认为，**德国经济不会陷入衰退**，理由包括：一是德国经济基本面仍然良好。二是货币和财政政策仍然是扩张性的，投资势头良好，特别是在数字基础设施领域。三是近期的经济放缓实际上是对过去几年高速增长的"正常化"。

五贤人会认为，德国经济的放缓也反映了欧盟经济的放缓。**欧盟2019年和2020年的经济增长率预计分别为1.3%和1.4%。**

意大利央行认为，未来经济增长存在诸多不确定因素，2020年欧洲经济将有所好转，尽管增长速度调整得不会太快，但总体趋势是向好的。目前欧洲央行推行低利率政策，基准利率有一些是负利率。**意大利现在面临两个问题：一是全球经济增长速度放缓带来冲击；二是欧洲内部经济增长乏力。**

（二）欧洲一体化

五贤人会认为，**英国"脱欧"确实是对欧盟的重大打击，也意味着欧盟经济一体化进程出现问题。**目前，"脱欧"最后期限再度延长至 2019 年 10 月 31 日，但能否顺利实现协议"脱欧"仍不确定。

在经济层面，"脱欧"对英国的影响大于对欧盟的影响，因为英国依赖欧盟（贸易额占比为 50%）甚于欧盟依赖英国（贸易额占比为 7%）。英国"脱欧"对欧盟经济的影响可控。无论是硬脱欧还是有协议脱欧，欧盟自身受到的负面影响都不大。**英国"脱欧"对中国经济的影响微乎其微。**

欧洲面临三个方面的不稳定性和不确定性。一是英国"脱欧"结果未知。二是 2020 年美国大选后的欧美关系不确定。如果特朗普连任，美欧关系将继续恶化。三是欧盟大选带来的不确定性。

（三）中欧关系

欧洲学者认为，**中国应该注意到美国以及欧洲对中国的态度已经发生实质性的改变。**美国特朗普政府发起的贸易战使全球贸易流向发生变化，贸易战对全球价值链的负面影响更严重。中国竞争实力的增强引发了主要经济体对中国态度的转变。欧盟对中欧关系进行了重新定位，认为中欧关系正在从合作伙伴转变为竞争对手。欧洲要求中国在市场准入等方面实现对等原则，对于来自中国的投资，欧洲提出，将加强对敏感战略领域投资的审查。

但欧盟的立场并不必然代表德国的立场。关于德国和欧盟的外商投资政策，德国有官员指出其基本目标在于确保公平竞争，德国无意对中国投资者"另眼相待"，同时希望中国放宽外商投资限制，如对外商投资企业开放政府采购市场等。

欧洲学者非常关心中美欧三方之间的技术竞争。尤其是关心中国在技术竞争中赶超欧美的步伐，非常想知道中国的技术水平何时能超过欧美，也担忧欧洲在技术竞争中落后于中美。

关于中意关系，意大利学者认为：其一，意大利的未来取决于全球化的发展进程，也取决于中国在全球化中的角色。其二，**习近平主席访意之行很成功。通过此次访问，意大利政界、公众加深了对"一带一路"倡议和相关议题的了解**。其三，全球化需要文化的互联互通，中意双方需要在文化领域加强合作。"一带一路"除经济贸易之外，特别强调民间的交流，构建人类命运共同体，习近平主席提出的命运共同体不仅是面向中国的，更是面向世界的。其四，意大利需要对中国的发展有正确的认识，智库需要向意大利人民传递同舟才能共济的思想。

意大利央行有学者提出，意大利与中国签署了"一带一路"合作谅解备忘录，引发了公众的广泛讨论，受到美国以及欧盟其他一些国家的指责，由此意大利政府面临一定的压力。但实际上，德国、法国与中国都建立了较好的双边合作关系，意大利在与中国合作方面是被落在后面的。

中意双边贸易在近15年来有飞速的发展，意大利有大量的进口来自于中国。意大利当前在经济上面临失业、增长乏力等困难，所以中意应深化合作，意大利欢迎来自中国的投资，也需要加大对中国的出口，同时吸引金融企业、银行参与相关项目合作。

此外，意大利的一些制造业具有一定的竞争优势，未来可通过技术创新提升竞争力。

关于中波关系，波兰学者认为，**中国"一带一路"倡议对波兰可以产生影响，这会促进跨国一体化，尤其在中东欧会产生影响**。参与中国"一带一路"、亚洲基础设施银行以及人民币国际化，对波兰将是很好的机遇。

波兰财政部专家认为，**中国的发展对中东欧和波兰带来三个层面的影响**：一是中国的发展对世界经济的作用很大。很多经济体与中国有贸易关系，但对中东欧和波兰的影响是缺少来自中国的投资。中国的工业化取得了巨大成就，波兰和其他追赶国家应该感谢中国的工业化带来的机遇。二是中国的外汇储备很大，这样对波兰来说可以有更好的融资机会。三是"一带一路"为未来10年的贸易搭起连接通道。中国将进一步吸引外国投资，与此同时中国也会在众多地区进行投资生产，这对波兰工业化来说是重要因素，代表着经济增长的趋向。

（四）中国改革开放进程

欧洲学者认为，中国在过去40年间取得了非凡的成就。中国的特色是采取市场与计划结合的模式，采取就业优先的政策，实现了跨越式发展。与美联储、欧洲央行不同，中国的央行服务于政府，在经济中发挥了较大作用。

欧洲学者就国家和企业在技术竞争中扮演的角色表达了自己的观点。技术进步不仅取决于国家政策，也依赖于企业参与。**每年新注册企业数量反映了各国市场活力，欧洲和德国在这方面和中国相比处于劣势**，中国每年新注册企业数量非常多，其背后的原因主要是执行力的问题。

相较于知识，世界更缺乏的是执行力。虽然欧洲进行了大量知识创新，但由于缺乏执行力，在技术竞争中处于落后态势。中国成功地让市场和政府发挥协调作用。当然，欧洲学者对于中国政府处理与市场的关系也提出了疑惑，同时希望中国能够消除德国企业来华投资面临的障碍，促进德国中小企业对中国投资。

（五）中美经贸摩擦与欧美关系

有欧洲学者认为，中美在削减贸易差额、技术竞争等领域存在难以调和的矛盾，对中美贸易谈判持谨慎态度。即便中美达成协议，也只能让中美关系在短期内保持稳定。**欧洲学者还就中美达成协议后特朗普政府会有更多精力对付欧洲表达了担忧**。当然，如果中美、中欧之间均达成协议，这三大经济体会更容易协调世界其他经济体利益,从而有利于全球经济治理的推进,如世界贸易组织改革。

意大利央行对当前中美贸易紧张局势较为担心。此外,欧美贸易关系也呈现紧张的态势。在中欧合作方面,意方认为中国应该遵守相关规则,遵守世贸组织原则,加强知识产权保护。

欧洲学者认为,在应对美国特朗普政府挑起的贸易摩擦时,欧洲和中国一样,**反制相比不反制对自身更有利**,但反制不利于第三国。如果中国不反制,美国将在贸易摩擦中获益,中国则受损。如果中国反制,则自身受到的损失减少,美国也会遭受相应的损失。但随着贸易摩擦升级以及中国反制,欧盟及德国遭受的损失会越来越大。如果特朗普政府对汽车加征关税,按照受损程度从大到小排列,依次是日本、墨西哥、德国、加拿大、韩国等。如果欧盟反制,则自身受到的损失大大减少。

(六)全球治理

欧洲学者认为在拥有"仁慈的霸权"的领导者时,全球贸易治理体系才能维持良序运行。但霸权有时候是自私的。**美国已经不是"仁慈的霸权"的领导者**。第二次世界大战后全球贸易治理体系由美国建立和监督执行。但在特朗普当选总统之前,美国已经转向竞争的区域主义。其实布雷顿森林体系的倒塌已经预示了美国领导者地位的下降。

欧洲学者通过对比美国、欧盟和中国的世贸组织改革方案,发现没有哪一方愿意进行单边自由化,而这是"仁慈的霸权"的前提。中国主张多边主义、最惠国待遇和国民待遇,也主张特殊与差别待遇,但最惠国待遇和特殊与差别待遇是冲突的。特殊与差别待遇是单边自由化的反面,和美国的诉求不一致。但是,欧洲学者也提出,因为人民币还不是国际储备货币,所以中国目前还没有能力承担贸易逆差所导致的成本。

二 启示

第一，**英国"脱欧"对欧盟的影响有限**。欧洲学者认为，英国"脱欧"不可避免，但因为英国只是欧盟的一部分，其对欧洲经济的影响有限。从欧洲一体化的角度来看，虽然英国"脱欧"会影响人们对欧洲一体化的信心，但是，英国可以脱离欧盟，但不会脱离欧洲，欧盟还会和英国在很多领域保持合作关系，比如英国和德法合作建立新的支付体系。

第二，**欧盟既有统一的对华政策，但其不同成员对华政策也是多元的**。欧盟作为高度一体化的整体，会有整体的对华政策。比如欧盟会有专门的官方文件展望中欧关系。但是，欧盟成员在发展对华关系时，也都有一定的独立性。比如意大利出于能给自身带来好处的考虑和中国签署"一带一路"合作谅解备忘录，德国对待外商直接投资的态度和欧盟并非完全一致等。

第三，**首脑外交在中欧关系中发挥至关重要的作用**。意大利各界高度评价习近平主席的访意之旅，认为此次访问获得意大利各界的关注，让意大利各界加深了对中国、对"一带一路"倡议的理解。

第四，**中欧之间既有合作领域，也有分歧领域**。中欧之间存在很多合作领域，比如在"一带一路"框架下的投资和基础设施建设，共同应对美国给世界经济带来的冲击，合作改善全球经济治理体系，甚至在高科技领域的合作潜力也很大。同时，中欧之间也有不少分歧领域，比如尽管欧盟国家认可中国改革开放和向市场经济转型的成就，但同时对中国的经济制度、外资准入等方面也存在一些误解，需要进一步做好彼此的增信释疑工作。

第五，**欧洲学者对中美经贸摩擦持矛盾态度**。欧洲学者既希望中美之间能早日达成协定，解决经贸摩擦问题，从而消除摩擦

海外调研集萃

给世界经济以及欧洲经济带来的负面影响,并让中国做出结构性改革。同时又担心中美之间达成协定之后,特朗普政府下一步会对付欧盟,让欧盟遭殃。因此,欧洲学者对中美经贸问题持摇摆不定的态度。

(中国社会科学院世界经济与政治研究所副研究员　苏庆义)

亚太战略、中美经贸与 APEC 前景

——来自美国夏威夷东西方中心的观点

本文要点：特朗普总统执政后，美国亚太政策有所调整，"印太战略"成为美国亚洲地区的新战略，美对华政策日益趋紧，但现阶段中美双方军事关系仍保持相对稳定的状态。在经贸关系上，中美双方经贸摩擦具有长期性，并逐步向多边、区域层面蔓延，美对华贸易政策调整并不是一时之变，而是致力于解决结构性问题。美国的贸易政策转向不利于 APEC 的长期发展，中国应当加强重视亚太地区的经济合作，充分利用 APEC 多边合作框架，推动中国自贸区网络的构建。

2018年12月至2019年1月，笔者赴美国夏威夷东西方中心（East-West Center）进行了学术访问。东西方中心是由美国国会于1960年批准成立的官方智库机构，致力于推动美国与亚太国家政府部门、民间组织和智库等开展合作、交流和对话，加强相互关系与增进了解。在访问期间，笔者就美国亚太政策的新调整、中美经贸关系、亚太经合组织（APEC）发展及前景等问题与美方相关专家进行了深入交流与讨论。

一 美国亚太政策的新调整及其原因

美国学者针对美国亚太政策新调整的主要内容及其原因提出了自己的观点：

第一，**"印太战略"成为美国亚洲地区的新战略**。2018年5月，美军太平洋司令部正式更名为美军印度洋—太平洋司令部。美国2018年《国防战略》报告指出，美国在亚洲太平洋地区面临诸多挑战，印太战略的推出有利于深化与印太盟友关系，并努力结成新的伙伴关系。

第二，**现阶段中美双方军事关系相对稳定**。中美双方都希望建立稳定的双边关系，不希望发生战争，未来也不会滑向发生冲突的危险路径。但有美方学者认为，在美中两军交流中，中方尤其需要提高透明度和政策的开放度，以保证对话畅通。

第三，**中美双方要保持畅通的沟通渠道，致力于管控分歧**。对于美国舰艇和飞机在中国近海及领空执行侦察和军事测量活动，以及在中国领海内执行的所谓"航行自由"行动，美国学者认为，只要保持畅通的沟通渠道，就不会发生"擦枪走火"的情形。

第四，**美国亚太政策调整的原因**：一是**美国国内政治变化**。"美国优先"是特朗普的执政纲领，外交政策包括亚太政策都遵循这一纲领，强调以美国自身利益优先。二是**美国所处的国际环境**

变化。亚洲新兴市场国家，特别是中国的崛起对美形成了压力。美国会更加重视亚洲、太平洋地区。扩大海军、重建美国武装力量，"以实力促和平"是这一执政理念的具体表现。

二 中美经贸关系

自 2018 年 3 月以来，中美经贸摩擦在短时间内持续升级。2018 年 12 月 1 日，中美元首在阿根廷会晤之后，决定通过磋商解决贸易争端。2019 年 4 月，第九轮中美经贸高级别磋商在华盛顿举行并取得新的进展，距离达成协议的目标已经越来越近。美方教授对此认为：

第一，**从对外经济政策上看，特朗普政府转向双边主要源于对全球经济贸易治理体系的失望**。多哈回合停滞多年，止步不前，WTO 规则不能符合现阶段发展、保护美国利益的需要。

第二，**特朗普政府宣布退出跨太平洋伙伴关系协定（TPP）**，主要原因在于其认为 TPP 不能确保美国利益优先。更多的美国学者和智库人士认为，这更像是"扫除奥巴马政治遗产""反对奥巴马的政治主张"。现阶段特朗普政府主导推动美加墨自贸协定（USMCA）、美韩自由贸易区重新谈判，"高标准、全领域"的贸易投资新规则是其追求的目标，"公平贸易、对等开放"是贸易谈判的基本准则。美国也同时与日本、欧盟开启了三方会谈，与重要大国之间达成共识，旨在推动全球经贸规则的改革。

第三，**美对华贸易政策调整不是一时之变**。2006—2017 年的十年间，布什政府、奥巴马政府对华政策一直以对话为导向，设立并启动了中美战略经济对话，美国希望以良好的、完善的市场经济规则为中国做出示范。但现在美国认为自己成为贸易的"失败者"，而中国却利用美国市场发展了自己。美国政府在中美谈判中的软弱和"纵容"造成了美国人民的不满，如今特朗普政府主张"美国优先"是保证广大美国人民利益的政策选择。美国处理经贸问题的重心应是扭转不公平贸易的现状，保护自己的市场，与中国之间制定"更加符合现实、公平、对等"的经贸规则。**中美之间贸易谈判要解决结构性问题，更要建立互评、监督机制，确保中国能够履行承诺。**

第四，**中国应当加强有关政策的透明度和说明力度，阐明政策目标，避免他国的战略误判。**中国的对外政策方面，比如中国为什么会特别加强与拉美地区的联系？中国坚持发展中国家地位，但为何又对外援助、大兴基建？"一带一路"项目风险较高，如马来西亚基建项目，中国为何还要不顾投资收益进行大规模的基础设施建设？美国对上述问题都心存疑虑，认为中国透明度不够。

三 亚太区域一体化与APEC的发展前景

2018年11月，第30届APEC会议在巴布亚新几内亚的莫尔兹比港召开，会后却没有发布领导人《联合声明》。这是APEC成立近30年以来首次出现的情况，凸显了APEC成员之间的严重分歧。中美双方不能就关税、WTO改革和对外投资等内容达成一致。美国副总统彭斯发表演讲，威胁在征收2500亿美元关税基础上继续加码；但短短半个月内，在二十国集团（G20）阿根廷会议期间，中美元首会晤后，双方就中美经贸关系达成了共识，不再出台新的加征关税，并会朝着取消关税的方向加紧谈判，促成最终协议的达成。**美国的政策和首脑的表态，事实上弱化了APEC机制，降低了APEC作为亚太地区经贸治理平台的重要性。**经过近30年的发展，当前APEC的发展面临着大国博弈加剧、发展路径不清晰等问题。就APEC发展现状及未来前景，美国学者的主要观点包括：

第一，**美国贸易政策转向不利于APEC的长期发展。**APEC起源于20世纪90年代，美国主导推动APEC的意图旨在加强其在亚太地区的影响力。21世纪初，小布什政府曾提出"亚太自由贸易区"的主张；奥巴马执政时期，主导推动了TPP；但特朗普上任后宣布退出TPP，使得之前亚太地区TPP与区域全面经济伙伴关系（RCEP）"双轨并行"的格局不复存在。特朗普政府主张双边贸易协定，**更关注北美和大西洋的贸易伙伴**，美国的战略收缩和保护主义的对外政策，极大地延缓了亚太地区贸易自由化进程，不利于APEC发展。亚太地区仍是美国对外政策的重要部分，但不同政府政策工具的选择显然不具有连贯性。今后APEC的发展，不仅取决于美国政策，**更加需要中国以及其他亚洲太平洋国家的政策主张**。

第二，**APEC机制仍具有强大的活力**。APEC是亚太地区重要的地区安排，为亚太地区经济一体化做出了重大贡献。首先，**APEC为亚洲和太平洋的小国提供了外交、经济合作的重要机遇**。如今众多小国参与国际贸易治理和经济合作的作用被弱化，以G20为代表的"大国主导型"国际经贸治理平台的作用更为突出。其次，**APEC在数字贸易等领域具有先驱性和前沿性**。2007年APEC启动了数据隐私探路者行动（APEC Cross-Border Privacy Pathfinder）、跨界隐私执行安排（CPEA）。2011年夏威夷APEC会议的主要成果是推动实现了APEC—欧盟隐私规则系统之间的相互认可。2012年9月，经APEC高级官员会议批准，成立了亚太经合组织—欧盟联合工作组，该工作小组由感兴趣的亚太经合组织经济体与欧盟成员国和欧盟委员会数据保护机构的代表共同组成，形成了数字贸易领域跨区域的"软规则"。

第三，**APEC应立足于全球性重要议题，尽早推动"茂物目标（Bogor Goals）"的实现**。贸易投资自由化是APEC"双轮推动"模式的核心一环，也是APEC成立的初衷。但茂物目标并没有具体的量化指标，对于"评估是否完成茂物目标"这一命题的检验缺乏明确的标准。此外，距离2020年达成目标的时间所剩无几，发展中成员如期实现预期目标难度很大。坚持茂物目标，重申其重要性，是APEC 21个成员在2013年印尼峰会上达成的共识。作为茂物目标的诞生地和最初倡议者，印度尼西亚曾提出了进一步修改茂物目标的建议，新的时间表可能会为茂物目标注入新的活力。

第四，**充分利用APEC的多边平台，推动次区域大国之间的合作**。要更加重视大国间的互动和政策沟通，如在北极圈合作问题上，可以聚集中国、加拿大、俄罗斯、美国和日本五个亚太地区的重要力量，构建新的合作机制。

第五，**APEC运行机制上需要改进的方向**。APEC秘书处的专家博拉尔德近年来大力倡导利用"落日倒计时（sun set clock）"计划和"探路者方式（pathfinder）"来推动APEC改革。"落日倒计时"计划针对APEC不同工作组制定确切任务完成时间，列出倒计时时间表，一旦完成预期任务，工作组即可解散和取消，减少APEC工作架构的庸冗。"探路者方式"是指，如果全体成员无法就某些议题达成一致，部分具有开拓精神的经济体可以先行达成一致意见，为其他成员国探路，先行先试，以便提高效率。

四 启示及政策建议

亚洲和太平洋地区是中国重要的贸易伙伴国、投资目的地和投资来源国，APEC是中国参与区域经济合作的重要平台。在美国不能持续提供区域经济治理公共品的背景下，中国应当继续加强与APEC各领域的合作，推动贸易自由化、投资自由化和区域一体化进程，赢取更多同盟和共同战线的支持者，为亚太和全球经济发展注入新的动力。

第一，**推动APEC与"一带一路"倡议相对接**。"一带一路"

倡议与APEC框架加强基础设施建设和互联互通的目标高度契合，道路、航路等硬件基础设施的建设为亚太地区经贸合作与发展提供了新的合作契机与动力，带动对外投资，增强地区经济动力，促进可持续的包容性增长。构建全方位、多层次的复合型亚太互联互通网络离不开中国"一带一路"倡议的实施，中国推动的"一带一路"倡议会加速亚太区域内发展资源的整合，最终实现区域内互联互通的发展目标。

第二，**加强中小企业合作，提高中小企业的创新能力和贸易参与度**。在APEC成员中，中小企业数量巨大，促使中小企业通过电子商务等新型贸易方式更好地融入全球价值链，加速推进互联网和数字经济路线图的制定，完善投资环境，提高贸易便利化程度，增强对中小企业的项目支持，可以为APEC地区经济增长提供新动能。在国际环境变化、大国政策缺失的情况下，增加民间交流、提高企业活力，是保持地区活力、促进地区经济深度融合的有效途径，也是APEC合作最具特色、实践最为成功的领域之一。

第三，**利用APEC多边框架促进中国自贸区网络的构建**。美国特朗普政府利用美加墨自贸协定、美韩重签自由贸易协定、美日欧三方会谈等方式，主导推动其"高标准"经贸规则。中国可以抓住当前美国疏离APEC的空档期，构建中国的全球自贸区网络；应考虑适当时候加入全面与进步跨太平洋伙伴关系协定（CPTPP），这有助于中国扩大"自贸朋友圈"，了解跟踪国际经贸治理规则的变化，设计国内改革路径；同时也应当加紧推进与重要贸易伙伴的深度合作，坚持立足周边地区，推动正在谈判的RCEP、中日韩等自贸协定更快地"开花结果"，为亚太区域一体化做出更大贡献。

（中国社会科学院世界经济与政治研究所助理研究员　张　琳）

新形势下加强中德全球治理合作的建议
——赴德国学习交流的收获

本文要点：在全球治理体系和多边主义秩序遭遇前所未有挑战的背景下，德国开始重新评估和设计参与全球治理的方式。目前，采取"自下而上"模式推动可持续发展议程仍是德国参与全球治理的核心基调。但面临逆全球化势头加剧、单边保护主义抬头的趋势，德国及欧盟也在新的国际秩序中寻找新的定位。欧美关系裂痕还未动摇全球治理"跨大西洋共识"的根基。国内监管和治理水平的持续发展，确保了德国在国际发展、数据治理领域的话语和规制优势，成为德国和欧盟在全球治理中的优势领域。我国应注重加强与德国在全球治理中的协调与合作。

新形势下加强中德全球治理合作的建议

当前国际形势动荡复杂，新问题和新挑战层出不穷，全球治理体系和多边主义秩序面临威胁。中国和德国作为世界主要经济体和具有重要影响力的大国，双方加强合作对维护多边主义、完善全球治理体系具有重要意义。

2019年，笔者参加了由德国发展研究所举办的"全球治理管理"研修班。研修期间，笔者参与了可持续发展及全球治理的相关研讨，拜访了德国国会、国防部、汉堡议会、德国全球和区域研究所、空客公司、德国《时代周报》等德国机构，以及世界贸易组织、联合国贸发会议、联合国难民署、欧盟议会及欧盟委员会、南方中心、国际危机组织等国际组织和研究机构。通过此次研讨，我们对德国参与全球治理的政治环境、发展路径及相关议程设置进行了深入了解，在调研过程中形成的想法对我国在全球治理中加强与德合作具有一定的参考价值。

一 新形势下德国参与全球治理的动向

（一）德国希望采取"自下而上"模式推动可持续发展议程

德国政府高度重视落实联合国可持续发展议程，认为可持续发展事关全人类生存，发达国家和发展中国家都应承担相应责任。目前，欧盟多国正在反思经济增长与可持续发展的关系，积极探索新的可持续发展路径。德国专门制定了《德国可持续发展战略》，全面指导经济、社会、环保等领域的政策制定。德国作为欧盟可持续发展的重要倡导者，其国内政策制定对周边国家也有较大影响。但近年来，由政府主导的可持续发展路径正面临着日益增多的挑战与阻力，各国政府间难以达成有效共识，已达成的共识也往往因国内政治环境复杂而难以落地。

德国政府认为应充分**动员社会力量推动可持续发展**，采取"自下而上"的模式，以各类民间组织为主体，从小处着手进行改变，然后逐步扩大影响，实现溢出效应。德国政府通过举办可持续发展竞赛、设立可持续发展奖金等方式，对优秀的民间项目进行奖励与宣传，鼓励不同群体之间互相学习。目前，德国已设立了"德国可持续性奖""联邦可持续发展奖""可持续发展教育奖"等多个奖项，还成立了联邦可持续发展协会、可持续发展联盟等多家非政府组织，充分动员社会力量。其中，鲁尔老工业区开展的"气候中和"城市发展竞赛已帮助超过300个相关项目成功落地。德国希望将国内这种"自下而上"推动可持续发展的模式"外溢"到全球治理层面。德国积极培育海外非政府组织、企业等，促进社会力量参与可持续发展议程和全球治理。

（二）德国及欧盟对其在维护和完善多边经济体系中承担的责任尚未完全达成共识

近年来，随着逆全球化势头加剧、单边保护主义抬头，德国及欧盟亟须在新的国际秩序中找准自身定位。特朗普上台后，美国接连退出了一系列国际组织和协定，对多边主义体系带来了极大冲击，也对德国及欧盟的发展带来了新的挑战。此外，英国宣布"脱欧"后，欧盟内部的政治环境也发生了较大变化，如何妥善处理英国"脱欧"事宜成了欧盟政治辩论的核心议题。随之引申出的更深层次问题则是**欧盟在未来国际舞台上所要扮演的角色**。对此，**欧盟内部出现了多种声音**：有人认为欧盟应继续坚定维护多边主义国际体系，在国际合作中寻求发展；也有人认为欧盟应将各成员国及自身利益放在首位，采取更加保守的经贸政策，降低外界动荡对欧盟的影响。在此背景下，欧盟能否长期维持其内部的团结和统一也难以预测。

在复杂的外部环境中，**德国国内对其在欧盟中所需扮演的角色也无法达成共识**：一方认为，相较其他欧盟国家，德国经济形势良好、社会稳定、政府治理能力较强，应主动在欧盟内担负起更多的责任与义务，带领欧盟各国的经济发展；而另一方则认为，考虑到德国近代历史，德国并不适合担任欧盟领导者的角色，应当更多关注国内的可持续发展。随着默尔克时代落幕，德国的未来也充满不确定性。

（三）欧美关系裂痕并未动摇"跨大西洋共识"的根基

特朗普提出的"美国优先"战略致使欧美关系产生了诸多分歧。经贸上，美国威胁加征欧盟钢铝产品关税，以针对伊朗为名对欧洲企业实施"次级制裁"。安全上，特朗普一方面极力批评北约盟友军费支出过低，未能达到GDP的2%的承诺；同时，关于美国计划退出北约的传言频出，欧美就北约防务问题迟迟无法达成共识。在难民危机与恐怖主义的影响下，加之俄罗斯在欧盟东部边界的军事活动，使欧盟不得不再次将安全问题作为核心议题，加大力度推动欧洲防务一体化。但由于各成员国目标和国情不同，在短时间内难以就此达成共识。可以明确的是，**欧盟将不会延续其在安全问题上对美国的依赖，而会转向更加独立和积极的安全政策**。德国国防部相关工作人员表示，德国未来将逐步增加军费，拟于2024年将军费增至占GDP的1.5%，同时，德国将更加积极参与欧盟防务问题的讨论和部署。

德国学者认为，**面对中美贸易摩擦的大国博弈，德国及欧盟无意卷入其中**。在与德国多家智库及研究机构的交流中，德方专家一致指出，中美间的贸易摩擦对欧洲和德国均有一定负面影响，但作为第三方，德国和其他欧盟国家不会过多介入到这场大国博弈之中。德国及欧盟与中美两方均有不同立场，一方面无法认同美国不按国际规则出牌、无视国际争端解决机制等行为，同时也对中国知识产权保护、市场准入、保护性产业政策等问题存有顾虑。因此，德国及欧盟希望在中美间的大国博弈中寻求平衡，同时进一步稳固自身在国际体系中的地位。尽管欧美联盟出现了一些间隙，但是欧洲对俄罗斯的防范、欧美在经济和政治上高度融合，使得欧美关系很难在短期内出现重大改变。德国和欧盟对后特朗普时期与美国精英的"复合"心存期待,欧美在知识产权保护、产业补贴、国有企业等问题上仍具有针对中国的共同立场。

(四)德国积极开展精品人力资源培训项目,塑造国际发展合作领域的影响力和话语权

对新兴国家开展援外培训受到德国政府的高度重视。此次德国全球治理管理研修班就是一个典型的案例。该项目由德国联邦经济合作与发展部全额资助,德国发展研究所承办执行,以促进可持续发展及全球治理、加强全球合作为宗旨,每年举办一届,为期4个月。自2003年开办以来,该项目已举办16届,对来自中国、印度、巴西、印度尼西亚、南非和墨西哥等新兴国家的300余位学员完成了培训,在发展中国家中享有较高的知名度和影响力。培训内容包括学术模块、领导力模块及项目组模块。学术模块主要围绕当下全球治理中的热门问题,包括气候变化、数字化转型、应对暴力冲突、发展与合作等全球议题进行学术研讨。领导力模块聚焦团队建设,探讨及学习管理理论,加强领导力建设。项目组模块为期四周,注重实践型教学,由学员自行组队,选定研究项目主题,在规定时间内完成项目并邀请利益相关方进行项目汇报。此外,项目还包含两周的"国际未来"外交官培训项目和一周的调研学习。该项目因其管理精细、内容安排全面合理、培训团队经验丰富,已经成为国际援外培训领域内公认的精品项目,是日本等其他发达国家重点学习的对象。

(五)跨境数据流动成为德国及欧盟推动国际监管和标准协调的重点议题

随着数字经济的迅速发展,数据成为新时期各方争夺的主要战略资源,数据跨境流动相关规则成为各方争取全球治理规制权的重要领域。德国和欧盟高度重视数字经济转型和数据治理问题。欧盟《通用数据保护条例》更新了欧盟成员国以及任何与欧盟各国进行交易或持有公民(欧洲经济区公民)数据的公司必须安全存储和管理个人数据的方式。德国和欧盟希望采取严格的标准保护个人数据和隐私权利，并认为高标准的保护水平有助于数字经济和贸易的发展。尽管德国与美国等国对个人信息跨境流动的限制与承载的风险之间的关系存在分歧。但是，**美欧日等国总体上都主张推动数据自由流动**，反对将数据本地化作为在一国开展经营业务的先决条件。数据流动议题将成为中国和德国及欧盟参与网络空间治理协调的重点和难点议题。各方对数据流动规则制定权的争夺将会进一步加剧。

二 加强中德（欧盟）在全球治理中合作的建议

（一）加强中德（欧盟）在可持续发展领域的交流互鉴

与德国等欧盟国家采用的"自下而上"模式不同，我国的可持续发展仍以政府推动为主。两种路径各有利弊，我国应进一步加强与欧盟各国的可持续发展交流，互相借鉴，学习德国动员社区等基层组织积极性的做法，取长补短，共同推动落实全球可持续发展议程。

（二）加强中德（欧盟）在多边经济规则领域的对接合作

当前，多边主义国际体系受到了前所未有的挑战。我国与德国及欧盟作为该体系的主要支持者，应进一步加强合作，共同应对全球性挑战，维护多边主义国际秩序，促进国际贸易自由化。一方面，我国应学习借鉴欧盟在建设多边规则体系方面的成功经验，积极参与国际贸易、投资、环保等各类规则的制定过程，扎实推进世贸组织等国际机构改革。另一方面，我国应主动与欧盟及其各成员国对接规则标准和改革诉求，在全球治理体系规则构建与改革中找到利益共同点，形成利益共同体，实现互利共赢。

（三）谨慎评估欧美关系变化，持续增进中欧务实合作

尽管特朗普登台后欧美分歧增多，关系有所恶化，但我国仍不应低估欧美间经贸关系的紧密度。欧洲与美国的经济体系一脉相承,同盟关系由来已久,在短时间内不会发生明显变化。我国应加强与欧洲各国的务实合作,特别是要加强在新能源汽车、绿色金融、人工智能等领域的产业合作,夯实中欧经贸关系根基。此外,中欧在环境保护和气候变化领域具有广泛共识,应继续加强在该领域的双边合作和多边协调,积极应对全球气候变化。

(四)借鉴德国经验,提升我国援外培训的水平和效果

援外培训是开展国际发展合作、提升国家软实力的重要支点。我国高度重视对其他发展中国家的知识援助,应加强对德国等发达国家在援外培训领域成功经验的学习和总结,全面提升我国援外培训的水平和效果。一是**加强招生把控,打造高端精品援外培训项目**。可考虑将招生的任务交予培训实际承办单位,借助承办单位的国际合作伙伴机构进行招生并做出筛选,确保学员质量,提升现有援外培训项目的效益。在此基础上,还可考虑针对其他发展中国家的中青年优秀人才,设立定位高端的精品援外研修班,适当延长培训期限、丰富培训内容,打造具有国际影响力的旗舰项目,带动我国在援外培训领域影响力和知名度的整体提升。二是**采用互动式教学,充分调动学员积极性**。可适当缩减老师讲课时间,在课堂上加入讨论环节,加入辩论、演讲、小组呈现等多种互动方式,供学员结合各自国家的国情进行深入交流,探讨所学内容对该国的适用性和借鉴意义,鼓励学员深度参与教学过程。三是**注重培训项目的人性化和多元化设计**。在培训过程中还应注重充分利用学员们的多元化背景,扩展培训的丰富性。可通过分组等方式让学员在培训期间接触到更多的新鲜观点,促进交流与思考,进一步提升教学效果。

(五)加强中德(欧盟)在数据治理领域的监管对话和规则协调

目前,数据跨境流动规则正处于各方博弈的关键阶段。德国

及欧盟是数据治理领域的重要利益攸关方和规则制定方。在欧盟内部，欧盟已制定数字单一市场战略，宣布"数据自由流动"的倡议，旨在确定一个监管框架，解决和消除当前数据自由流动的障碍和限制。欧盟也出台了《非个人数据自由流通条例》，明确促进流通、消除本地化的政策导向。欧盟正在利用非个人数据流通进一步推动建立欧盟数字单一市场。同时，欧盟还出台《通用数据保护条例》明确了个人信息保护原则。我国与欧盟在数据治理领域的政策实践有所不同。面对个人信息保护升温、立法执法活动趋紧以及涉及国家安全的数据管理不断强化的新形势，我国一方面要加强与欧盟的数据监管对话，积极帮助企业面对可能遇到的欧盟的境外执法风险，另一方面，要在数据治理规则制定领域加强与欧盟的协调，探索数据保护与数据流通的平衡。

（中国社会科学院世界经济与政治研究所助理研究员　刘　玮
　　中国国际发展知识中心助理研究员　刘　宸）

进一步推进中国与葡语三国的合作
——对几内亚比绍、佛得角和葡萄牙的调研分析

本文要点：中国—葡语国家经贸合作论坛（中国澳门）是中国与葡语国家开展合作的重要平台，几内亚比绍、佛得角和葡萄牙均为其成员国。论坛成立十五年来，中国与几内亚比绍、佛得角在援助、培训和经贸领域的合作开展迅速，与葡萄牙在贸易投资、文化交流和战略行业的联系也日益紧密。然而，合作过程中也面临着一些问题，为此，中葡论坛可以拓展合作，加强宣传和反馈机制，建立灵活便利的金融支持渠道，增强培训课程针对性并推广文化交流。

2018年是"中葡论坛"成立十五周年。笔者随该论坛的评估团队于2018年4月前往几内亚比绍、佛得角和葡萄牙三国进行了调研，感受很多，收获也很多，综述如下。

一 中国与几内亚比绍、佛得角和葡萄牙的合作进展

(一) 中国与几内亚比绍的合作进展

几内亚比绍（以下简称几比）位于非洲西部，是世界上最贫穷的20个国家之一。其经济结构以农业为主，尤以腰果和渔业著称。政府更迭频繁严重限制了经济的发展，外国援助成为支持其国内经济的重要来源。中国是几比的主要援助国之一，支持当地基础设施建设，双方也在农业和渔业领域开展合作，并开始探索经贸领域合作。

第一，**基础设施援助是中国与几比合作的主要方式**。中国向几比援建的基础设施项目涉及建筑、公路、码头等各个方面，典型项目包括：政府办公大楼、议会大楼、司法大楼、卡松果医院、老战士住宅、西非沿海公路比绍至萨芬路段、板丁渔业码头等。在中葡论坛框架下，中方已在几比援建了3所友谊小学和1个疟疾防治中心，还向几比派驻了综合技术合作项目组。

第二，**中国与几比在渔、农业领域合作进展良好**。中国水产总公司是最早进入几比开展渔业活动的中资企业，其在30多年经营过程中一直致力于帮助当地提升渔业生产、加工和管理水平。近年福建四海、大连洋铭、大连海欣、青岛凯航等中资民营远洋渔业企业也赴几比海域开展捕捞活动。中方也向几比派遣了高级农业专家组成的项目组，为当地提出农业发展合理化建议。

第三，**中国与几比积极探索经贸领域合作**。双方经贸合作十分有限，2018年双边贸易额仅为3745万美元，主要是中国向几比

出口。中国仅在渔业领域对几比有少量投资。不过，近年来中资企业赴几比投资的积极性有所提升。在中葡论坛的支持下，几比于 2016 年 4 月举办了第 11 届中国与葡语国家经贸洽谈会。

（二）中国与佛得角的合作进展

佛得角位于非洲大陆最西端，扼欧洲与南美、南非间交通要冲。优越的地理位置使佛得角视野开放，国家政局稳定，营商环境良好。随着佛经济发展，两国合作也从以援助为主逐渐转向互惠互利的经贸合作，并向农业、海洋经济和教育培训等领域扩展。

第一，**基础设施援助是中佛合作的传统形式**。中国向佛得角援建了议会大厦、政府大楼和国家图书馆等标志性建筑。2006 年中方援建了泡衣崂水坝以支持佛发展现代农业，2017 年援建了最大的援佛项目佛大新校区。在中葡论坛第五届部长级会议期间，援佛安全城市二期项目成为中佛两国总理会晤的重要成果。

第二，**中佛两国经贸合作不断加强**。中国在佛对外贸易伙伴中的排名已升至约第三、第四位，2018 年两国双边贸易额为 7823 万美元，主要为中国对佛出口。在中葡论坛支持下，佛得角于 2017 举办了第 12 届中国与葡语国家企业经贸合作洽谈会，达成了 10 个意向性协议。中国在佛最大的投资项目为澳门励骏创建公司投资 2.73 亿美元在普拉亚兴建的旅游综合项目。

第三，**农业和海洋经济成为中佛合作重点领域**。中国于 2015 年援建了佛得角农产品加工中心，派遣了高级农业专家赴圣文森特岛开展水产养殖科研合作，邀请 50 名佛得角农业技术人员赴华研修，为佛得角援助打井和灌溉设备物资。2016 年中葡论坛上双方就支持佛方规划圣文森特岛海洋经济特区项目达成共识。

第四，**中佛积极开展教育和培训活动**。中国自 1996 年开始接收佛奖学金留学生。继 2016 年佛大孔子学院成功开办后，佛政府又决定从 2017 年起逐步在中学开设中文教育。佛得角还积极派人参加中葡论坛框架下的培训活动。

（三）中国与葡萄牙的合作进展

葡萄牙地处欧洲伊比利亚半岛西南部，是连接陆上丝绸之路和海上丝绸之路的重要枢纽。作为老牌资本主义国家和葡语国家旧宗主国，葡萄牙在中葡论坛中地位相对特殊。欧债危机期间，中资企业以并购方式向葡注入大量资金，两国经贸合作成果显著，教育和文化交流越发频繁，并积极探索在新兴领域达成合作。

第一，**中葡两国贸易和投资合作成果显著**。中国已成为葡萄牙在亚洲最大的贸易合作伙伴，2018年双边贸易额达60亿美元。自2011年以来，中国在葡萄牙的投资已达100亿欧元左右，主要集中于能源、金融和保险领域。部分中资企业还立足葡萄牙开展国际化投资，如三峡集团。在中葡论坛框架下，葡萄牙于2018年举办了第13届中葡企业家经贸洽谈会。

第二，**中葡两国教育、文化交流越发频繁**。葡萄牙已有5所大学与中国高校合办了孔子学院，里斯本大学还与澳门高新技术交易所、上海大学签署了合办中葡创新大学的协议。葡萄牙一些民间智库，如中国观察研究所、新丝绸之路之友协会等，也经常组织两国民间文化交流活动。在中葡论坛框架下，截至2017年，葡政府官员和技术人员已有134名参加过各类培训。

第三，**中葡两国积极探索新兴领域合作**。2017年11月，中葡双方政府部门签署关于建立"蓝色伙伴关系"概念文件以及海洋合作联合行动计划框架。葡萄牙成为欧盟第一个与中国正式建立"蓝色伙伴关系"的国家。中葡两国在能源领域存在互补性，双方在可再生能源领域达成了多项合作。

二　中葡论坛框架下中国与葡语国家合作中的问题

（一）中国与几内亚比绍合作中的问题

第一，**沟通和宣传机制不完善**。几比政府机构反映，中葡论坛的一些信息推广未能顺畅地传达到相关部门；几比智库机构则表示对中葡论坛知之甚少，在民间很少能看到中葡论坛的信息。

第二，**资金合作渠道缺乏多样性**。中国目前在几比以援助项目为主，而后者希望吸引更多中国投资。针对中葡论坛下的中葡合作发展基金（以下简称"中葡基金"），几比尚未获得过资助。

第三，**培训活动未能完全匹配受众需求**。几比财政部经济司司长表示希望在公共政策制定、统计、经济预测和前瞻等方面获得培训，但是中葡论坛提供的培训内容并未考虑其上述需求。

（二）中国与佛得角合作中的问题

第一，**企业洽谈活动缺少资助和跟进机制**。中葡论坛框架下有许多企业洽谈活动，但是佛中小企业没有资金能力远赴中国参加。在企业洽谈会上常会签署一些意向性协议，然而会后都没有跟进，导致多数合作停留在纸面。

第二，**缺乏支持中小企业的资金渠道**。佛得角经济以中小企业为主，而中葡基金要求单个项目的投资规模一般介于500万—5000万美元，投资回报率不得低于7%，都是佛中小企业无法达到的。因此，佛得角一直未能得到中葡基金的资金支持。

第三，**文化差异和地理距离限制两国经贸合作**。中国侨民企业不了解佛得角的文化和法律，语言沟通存在障碍，因此有时会出现冲突。中佛两国距离遥远，没有规律性的交通，运输成本高。

（三）中国与葡萄牙合作中的问题

第一，**企业沟通机制不畅通**。葡萄牙企业界人士表示，中葡论坛的企业合作信息常常不能有效传达，在各类洽谈会上也没有建立各国企业间的有效沟通机制。企业洽谈会缺乏后续跟进机制，未能支持具有潜在合作意向的企业进一步开展交流与合作。

第二，**资金运转机制缺乏有效性**。中葡基金的投资要求不适合葡萄牙国情：投资回报率远高于葡贷款利率，投资规模无法满足中资企业在葡开展大型投资的资金需求。部分葡萄牙企业想申请中葡基金，却不清楚申请流程。葡金融机构想与中资机构开展金融合作，却不了解中方的资金运行机制。

第三，**培训课程缺乏针对性**。中葡论坛对培训课程的目标群体缺乏有效评估，导致培训效果有限。特别是缺少针对企业家的课程，多数课程邀请政府官员，无法将培训内容有效传达给企业。

第四，**未能充分发挥葡萄牙的优势**。葡萄牙已经在很多葡语国家搭建起经贸合作和文化交流的网络，可以在中葡论坛中发挥重要作用，但是中葡论坛未能加以有效利用。

三 拓展中国与葡语国家合作的建议

（一）依据成员国特点和需求拓展合作

第一，针对几比经济落后、政府更迭频繁的情况，**中方仍应以提供经济和技术援助为主要合作方式**。特别是基础设施领域对当地经济社会发展能产生广泛的推动作用。基于几比政府当前的财政能力和政治形势，优惠贷款和基金投资可能面临较大风险，不宜大规模开展。作为援建项目的延伸，可以考虑适当培养当地的上下游企业，帮助其搭建基本的工业能力。同时加强对几比初级产业的支持。扩大水稻种植面积，适当提供现代化的农业机械设备；帮助打造和培训当地捕捞队，提升渔业加工的本地化水平。

第二，针对佛得角地理位置特殊、经济发展良好、寻求互利合作的特点，**中佛两国可以开展更多经贸合作，并在战略领域形成对接**。佛得角地处海上交通要冲，与欧美签有关税协议，在非洲关税最低，十分适合作为贸易平台和枢纽。中葡论坛可在国内加强对佛区位优势的宣传，鼓励更多中资企业前去开展投资、贸易活动。佛得角的海洋经济战略与中国的"一带一路"倡议存在契合点。针对佛方建立海洋经济特区的迫切需要，中方可以在特区规划设计、吸引外资、工程建设和资金投入等方面予以帮助。

第三，针对葡萄牙与其他葡语国家的特殊渊源，作为欧盟成员国的独特身份，以及致力于经济转型的特点，**中葡两国在第三方合作方面具有广阔潜力，并有望在更多领域达成合作**。葡萄牙在葡语国家中具有语言、经验和网络优势，中方则具有资金和技术优势，因此两国企业可在其他葡语国家开展第三方合作。同时，基于葡萄牙在欧盟和其他众多国际组织中的传统地位，中方可将葡萄牙作为桥头堡提升"一带一路"倡议的国际认可度。针对葡萄牙在转型期希望大力发展蓝色经济、新能源、汽车工业等产业，中葡论坛可协助两国政府部门和企业搭建沟通和合作机制。

（二）加强中葡论坛的宣传和反馈机制

第一，**应拓宽中葡论坛宣传渠道并建立长效宣传机制**。具体做法可以包括：在成员国对口部门的网站上建立专门的栏目发布论坛资讯，与成员国媒体建立合作关系以定期通过大众传媒宣传，与成员国智库合作定期发布论坛成果报告等。

第二，**应完善信息沟通和反馈机制**。对于官方信息的传递，一是论坛秘书处可建立长效报告机制；二是论坛秘书处和成员国的衔接工作要做好；三是各成员国内部应理顺沟通层次，建立顺畅的信息传输机制。

第三，**在企业信息沟通方面，一是要完善现有机制**，加强论坛秘书处与各成员国企业商会的信息沟通，对经贸洽谈会、企业交流会达成的合作意向要切实跟进；**二是要拓展新机制**，可设立专门的商会论坛，建立企业信息库和互联网平台供信息交流。

（三）建立更加便利灵活的金融支持渠道

第一，**提升现有融资机制的便利性和灵活性**。一方面，**应完善基金的宣传和报告机制**。目前中葡基金官网"投资标准"栏目下只有关于投资工具和合作模式的简短介绍，应增加基金的投资范围、规模门槛、回报要求、投资期限等信息。此外，应及时反馈已申请项目的所处阶段和审查情况，并定期报告已投资项目的进展情况。另一方面，**应创建更加灵活的投资机制**。如在葡萄牙，中葡基金的投资规模可能不能满足大型项目的资金需求，但是可以成为其他融资方式的补充资金；而在佛得角，中葡基金则可以考虑将中小企业项目打包，提供一揽子基金予以支持。

第二，建立更加灵活多样的新型金融支持渠道。首先，中葡论坛的许多成员国以中小企业经济为主，因此可以考虑**建立专门支持中小企业的投资基金**；其次，不论是针对信息不对称较强的中小企业还是到商业环境不确定性高的葡语国家投资，**担保基金都是能够有效缓解风险的机制**；最后，针对中国在葡语国家开展的**技术援助、科研合作**等也可设立专门的基金予以支持。

（四）增强培训课程针对性并推广文化交流

第一，**设计更具针对性的培训课程**。首先，根据各国的实际需要安排培训课程的主题；其次，在每个主题下安排最适合的受众接受培训，不应只针对政府官员，而应向真正从事相关工作的技术人员和企业人士开放；最后，推动更多当地的培训活动。

第二，**加强文化交流**。首先，扩大现有文化交流活动的影响范围。可将每年在澳门地区举行的"葡韵嘉年华""中国—葡语国家文化周"等活动推广到中国内地和葡语国家当地。其次，将文化交流活动拓展到城市层面，如2017年举办的"常州—里斯本双边经贸文化合作洽谈会"。最后，高校是促进文化交流的重要桥梁，双方的高校之间可以增加互派留学生，举行中葡文化周活动。

（中国社会科学院世界经济与政治研究所助理研究员　宋　爽）

中日合作：从高速向高质量发展转型

——赴日本札幌参会感想

本文要点：在美国主导的逆全球化潮流和中国经济从高速增长向高质量增长转型的背景下，中日两国应继续加强合作。在经济发展方面，中日需要进一步完善经济合作的制度基础，重点推进两国在服务业和关键技术领域的互补性合作。在新闻传播方面，中国持续的经济增长和产业创新是推动日本舆论对华态度转变和应对未来政策摇摆的关键。在文化交流方面，两国应加强以人为本的文化交流，构建"兼容并包"和"求同存异"的多元文化共同体。在海洋污染治理方面，中日合作转向共同技术开发和信息共享。

中日合作：从高速向高质量发展转型

笔者于2019年11月赴日本札幌参加了题为"从高速发展向高质量（高技术）发展转型——中日发展互补性研究"的学术研讨会。本次研讨会由日本北海学园东北亚研究交流中心与中国社会科学院共同主办，其目的包括三个方面：一是共同推进主办单位双方在东北亚地区发展领域的学术交流；二是促进中日两国人民在双边经济、政治和文化合作方面的相互了解；三是共同探讨在经济转型阶段中日两国在经济发展合作中的机遇和挑战。本次讨论会围绕高质量（高技术）发展阶段下中日经济发展互补性研究这一主题，两国学者分别从经济开放、新闻媒体、文化交流、环境保护四个领域切入，探讨了中日合作中的机遇与挑战。

一 经济发展角度下的中日合作

第一，理解中国经济发展的结构性变化和在国际市场的角色演变是寻求中日合作最优路径的必要前提。在内部经济发展方面，中国正在经历从制造业到服务业的经济结构转型。2012年中国人均收入接近1万国际元（按购买力平价计算），达到国际经验中制造业向服务业转型的临界值。随后，中国跨过工业化高峰期，工业部门增速开始低于GDP名义增速，出口增速和市场份额的增速开始放缓。同时，投入、生产和产品多个环节显示，工业升级状况良好。此外，人力资本密集型服务业开始崛起。总的来说，中国经济保持在迈向更高收入水平的正常轨道，未来的增长引擎是人力资本密集型服务业和制造业升级。但是，受制于物质文明价值观向后物质文明价值观转换的困难和政府职能转型的困难，中国依然面临城市化率偏低、政府服务以及社区、社会和私人服务占比偏低、服务业活力受限等发展的短板。解决这些短板需要较长时间。**能否妥善处理好内部经济发展的结构转型问题是决定中国能否实现持续和高质量经济增长的前提，也是决定中国在中日**

合作中话语权的关键。

在国际角色方面，主要存在**中国对区域增加值的贡献占比不断扩大、在产业链的位置不断上移、制造业和服务业对外需求差异化三大变化特征**。从对亚太区域增加值进出口的贡献来看，中国、日本和美国高居前三位，并且呈现出中国提升迅猛、美国和日本占比下降的趋势。从价值链层面来看，日本和美国处于价值链顶端，韩国和中国位于下游。从产业链变迁角度来看，中国在产业链的地位呈上移态势。从最终需求的外部增加值率来看，中国外部需求的总体占比与美日欧接近，但在细分行业中出现制造业和服务业的分化：制造业的外部需求占比显著高于主要发达国家，服务业的国内需求占比显著低于主要发达国家。这种分化说明目前外部国家对中国制造业的依赖程度更高，而中国对外部国家的服务业依赖程度更高。在高质量增长阶段，中国在全球价值链的位置还将继续上移，同时随着改革开放政策的持续推进，中国市场也将更大程度地对外开放。

第二，从亚太区域整体来看，**国家间经济合作的加深面临经贸互联制度基础不足的挑战，尤其是存在服务贸易自由化意愿有限和投资制度安排碎片化的问题**。尽管亚太区域各经济体之间已经形成了多样化和充满活力的生产网络，但大国之间的自由贸易协定尚不完备，企业对自由贸易协定的利用也较为有限。一方面，中日韩等大国之间自贸谈判进展缓慢，亚太区域内部的经贸谈判容易受到来自美国的影响。另一方面，经贸规则存在不均衡和多层次化的"意大利面条碗"效应，货物贸易自由化的规则水平较高，服务贸易自由化的意愿较低，投资制度安排层次不清晰。面对区域性制度基础不足的挑战，中国所坚持的改革开放政策不仅是中国发展的机遇，也是加强国际合作的基础。

第三，从产业链变迁的角度来看，随着中美贸易摩擦的持续和经贸关系的逐步恶化，**中日合作需要抓住中国市场对外开放和**

对美关键技术替代这两个重要机遇。中国市场的对外开放不仅是生产力的对外开放,同时也是内需的对外开放。在制造业的开放路径中,中国的外部需求明显低于主要发达国家,并有望进一步向产业链上游转移,因此可能与本就在产业链上游的日本形成更为激烈的竞争关系。但是,随着中美关系不确定性的增强,中国企业在关键技术领域亟待解决"卡脖子"问题。日本作为产业链创新和设计的上游国家,在32项制约中国制造业产业发展关键技术中约占1/3。因此,**日本是中国寻求对美技术替代的重要战略合作伙伴。**伴随中国人均收入的提升与国内市场的对外开放,日本企业也将拥有更为广阔的国外市场和更为优质的营商环境。在服务业的开放路径中,由于中国本身对外部服务的依赖较强,因此对日本服务业的发展和输出带来了更多机遇。

二 新闻传播角度下的中日合作

新闻媒体不仅是中日两国人民了解对方的窗口,报道中的舆论动向更是分析两国关系变化与走向的重要参考。**在关于中国经济的日本舆论报道中,近年出现了日本应"向中国创新取经"的新动向,但关于中国经济发展是畸形模式的"中国异类论"依然具有一定的影响。**一方面,日本媒体越来越关注在IT行业等创新领域大放异彩的中国企业,如华为、大疆等。对这些新兴企业的据点深圳,日本主流媒体也予以了高度评价,称之为"制造业之圣地"。自2014年下半年开始,关于深圳新动态的报道不仅显著增多,而且正面新闻报道的比例上升,并出现日本应"向中国创新取经"的新思潮。另一方面,舆论调查显示,日本民众对华好感度依然较低。2019年10月24日中国外文局和日本智库言论NPO最新发布的日中关系舆论调查结果显示,"对中国不抱亲近感"的日本民众高达70%—80%。关于深圳的报道也有相当一部分比例是把深圳看作"红色硅谷"的负面观点，认为中国的发展模式是有别于先进国家的畸形发展模式，即"中国异类论"。**相对日本舆论对华报道的混杂态度和不确定性，中国舆论报道与民众对日本的好感度更高，且在过去十年内基本呈现上升态势。**中国舆论对日本的好感度自2013年后就得到了大幅提升，但日本舆论对华的好感度却没有显著提升。日本舆论对中国的怀疑态度，在日本政府涉华政策中得到了充分体现。换而言之，**中日两国在舆论报道和民众好感度上存在"日低中高"的非对称现象。**

此外，**受日本自民党政治经济根基分裂和中美贸易博弈的影响，日本政府和媒体对华态度仍将呈现高度不确定性。**日本不仅在涉华舆论报道中存在两种对立的思潮，安倍政府所属的自民党在对华态度上也存在分裂。自民党政治根基主要包括两部分，一是日本经济团体联合会为代表的经济利益派，二是支持保守主义思想的民粹主义右翼团体。这两个群体在对华政策上存在较大分歧。经济利益派重视中日协作，因此支持"IT创新学中国"的观点。民粹主义右翼团体则秉承"中国异类论"，因此支持"深圳是红色硅谷"的言论。在中美贸易摩擦的背景下，美国保守势力积极推进"中国异类论"，并对日本媒体产生了影响。从自民党政权的舆论平衡来看，一方面务必照顾支持"中国异类论"的国内势力，另一方面也要从经济利益出发实现促进经济发展的中日合作。**这两种截然不同的对华立场，无疑将导致日本未来的对华政策会继续摇摆，并在中美博弈的影响下呈现高度不确定性。**

综上所述，随着日本舆论报道中"向中国创新模式学习"的新思潮的崛起，这反映出中日经济合作不仅存在继续深化的巨大机遇，而且可能发生合作方式转型。面对这一现状，中国经济的高质量发展与创新能力的提升是改善日本媒体界和政界对华态度的关键，也是进一步深化中日经济合作的重要基础。

三 文化交流角度下的中日合作

中日文化交流是新闻传播的底层逻辑，也是中日两国在经济、贸易、政治、环保等诸多领域展开合作的基础和解决矛盾的前提。全球化原本目的是弱化国家的意义，旨在构筑新的关系。但是，目前出现的中美贸易摩擦、日韩贸易制裁、领土纷争等问题却反映出全球化过程中各国民众不断强化的国家意识和爱国主义。**对于全球化带来的这些问题，大部分的解决方案是强调以制度性的政治合作为基础，来调整相互间的利益关系的必要性**。例如，要构建更多的多层次多极化的合作关系，并建立起以此为基础的世界性的管理机构，用制度来保障多国及政府间的合作关系。通过实现全球化经济管理体制加强经济的互相依存，充分发挥制度的效果。这就是一种通过政治互信来建立共同体的过程。比如，欧盟和东盟这样的同盟关系就是以这种方向为目标的。

然而，**单纯的政治性制度调整并不能从根本上解决问题，而从文化共生和文化认同的角度共同构建文化共同体是缓解双边合作意识形态矛盾的重要途径之一**。历史经验表明，人们在建立政治制度时，并不会完全以效率主义为基础去设计制度，很大程度上是以文化价值观为基础，从几个有限的选项中，选择能被社会接受的制度。但是，各国的文化价值观是多元的，并且会基于各国的历史、社会和习惯而形成一种"文化优越感"。多元的文化价值观既是国家合作的机遇，也是国家合作的挑战。从正面来看，只有当围绕文化优越感形成对立和相互作用时，我们才能认识到其他的文化形态的存在，同时发现其他文化的优点和魅力，并且模仿其他文化的做法来进行自身文化的更新与重构。

从负面的角度来看，文化价值观的差异有时候会加深国家间的对立，尤其是当对文化优劣进行评判的时候。所谓"文化优越感"就是以自己民族的文化为基准来评价其他文化,并且否定或者贬低他者的态度和思想。这种思想在现实生活中的体现就是民族主义和贸易保护主义的抬头以及全球化进程的倒退。

因此,促进中日文化交流和其他合作需要以亚洲国家文化价值观的共性出发,在接受文化价值观差异的基础上,通过**加深文化交流来减少"文化优越感"所引发的心理隔阂,学习彼此的传统并且找到不同文化之间"共存共生"的新模式**。

四 海洋污染治理角度下的中日合作

环境保护是除经济合作以外,中日两国合作的另一大议题。本次会议重点探讨了其中的海洋塑料污染问题。在2018年加拿大魁北克夏洛瓦的G7峰会上,加拿大及欧洲各国均强化了各自的塑料规则政策,共同签署了《海洋塑料宪章》。在2019年6月日本大阪的G20峰会上,各国首脑在"G20海洋塑料垃圾对策实施框架"下达成了共同宣言,到2050年把由海洋塑料垃圾增加引发的污染减少为零作为实现目标。日本没有加入G7提出的《海洋塑料宪章》约定,但国内也制定了相应塑料资源循环战略,预期在2030年实现对国内塑料垃圾60%的再利用。

海洋塑料污染是世界各国尤其是亚洲国家面临的严峻挑战。目前,每年至少有800万吨的塑料流入海洋,已集聚在海洋中的塑料垃圾达1.5万吨,对海洋生态系统造成了巨大影响。2015年《科学》杂志刊载的《从陆地到海洋的垃圾流出》对各国向海洋流出垃圾的报告显示,**塑料垃圾流出量最大的三个国家分别是中国、印度尼西亚和菲律宾。美国和日本分别排第20位和第30位**。

日本是包装塑料垃圾的生产大国,且主要回收方式难以防止二次污染问题,对中国出口塑料垃圾的处理方案也不再可行。从人均容器包装塑料垃圾产生量来看,日本是仅次于美国的第二大国。日本对废弃塑料的有效利用率高达84%，但其中超过一半是通过燃烧塑料的热回收方式，处理后依然会产生较高的二次污染。更为环保的材料回收（废弃塑料作为原材料）和化学回收（废弃塑料通过化学分解变为化学原料）的处理方式占比分别为23.4%和12.8%。此外，日本还把塑料屑作为资源出口给亚洲国家，出口额超过100万吨。在2017年之前，中国是塑料屑最大的进口国，日本塑料垃圾有一半是出口到中国。但是，中国从2017年开始对塑料垃圾进口实施限制，导致日本依赖对中国出口塑料垃圾的处理方案不再可行。

鉴于上述变化，**在塑料垃圾处理方面，中日两国合作方式有待更新**。对中国而言，限制塑料垃圾的进口只是应对相关污染问题的第一步。中国应该重视增加对塑料垃圾处理技术的研发和更新，并与日本和欧洲等国家展开废弃物处理的全面合作。对日本而言，现存挑战包括找到塑料垃圾出口的替代方案和采用更为环保的方式对废弃塑料进行回收。同时，日本为其他国家提供其先进的废弃物处理回收技术方案也是日本在国际环保合作中发挥大国责任的重要体现。

（中国社会科学院世界经济与政治研究所助理研究员　熊婉婷）

中国企业在越南面临的问题与对策

——赴越南调研的感想

本文要点：从 2017 年起，进驻越南的中国企业突增，相比日本和韩国，中国企业主要从事下游链条产业如日用品等的生产较多；大型企业进驻较少，自身的品牌效应不具优势。中国企业在越南经营主要面临以下问题：国内企业之间的恶性竞争现象突出，承包工程有拖延现象，对当地法律法规及文化历史了解不够，与商会沟通协调不畅，以及来自越南方面的误解等。具体对策则包括：重视引导正规大型企业对越投资，改善中国低端产品形象，了解越南法律和文化，充分利用中越的地缘优势，加强商会的协调作用。

笔者长期从事越南问题研究，经常赴越参加学术会议，还多次到当地的中国企业及中国工业园区进行调研，访谈了诸多越南学者和民众对中国、日本和韩国企业的看法与认识，其调研体会如下。

一 在越中国企业的发展现状及其特点

自2004年起，中国已经成为越南最大的贸易伙伴国。中国企业在越发展大致经历了四个阶段：

第一阶段（1992—1999年）：中国12家企业在越南建立了企业代表处。

第二阶段（2000—2008年）：为试水阶段，不少企业建立代表处，少数国企与越南政府建立合作项目。

第三阶段（2009—2016年）：由于2008年国际金融危机对行业的冲击以及中国国内人工成本的增加，大量的中小企业涌进越南，中国对越投资猛增。

第四阶段（2017年至今）：由于国内人工成本的继续增加、越南参与跨太平洋伙伴关系协定（TPP）、2018年中美贸易摩擦的影响和2019年稳定与进步跨太平洋伙伴关系协定（CPTTP）的正式成立，中国一些中下游企业和民营企业看到了在越南生存与发展的空间，从而蜂拥而至去越南投资。其主要特点如下：

第一，**进驻越南的企业突增**。中国企业从2017年开始大量涌进越南。究其原因，自2016年以来，中国国内工人工资涨升幅度过快，环保要求越来越严格。另外，有些企业需要扩张，看好越南的经济发展前景，再加上受中美贸易摩擦影响，不少企业纷纷到越南寻找机会。中国企业这样草率地决定在越南建厂、扩建，大多是为了避开高额关税或贸易壁垒，但最后多半是失败而归。主要原因在于信息不通畅、缺乏对当地市场的了解、不懂越南的法律法规及社会风土人情。

第二，**中国企业主要从事下游链条产业**。中国企业投资的产业主要集中在零件、配件、家电和五金制造业。**家电和小型机械是中国制造的标签**。中国投资还以工程承包为主，且多半是国企和央企承接的项目。此外，中国企业在越南建的工业园区较少，仅有深越工业园、铃中加工出口区、龙江工业园等屈指可数的几个，而越南境内共有320多个工业园区，其中不少是日本、韩国、新加坡等国家投资建立的。

第三，**中国大型企业进驻较少，相比日韩的品牌效应要弱**。除了工程承包建筑项目、煤炭供电项目以外，资金雄厚的中国企业较少进入越南。在20世纪90年代，中国的摩托车行业曾一度占领越南市场的80%。就目前而言，TCL在越南市场较好，格力、美的等家电产品占领的市场较小，而日本、韩国的商品则占据了较大的市场。

中国企业在越南面临的压力主要是与越来越多的他国企业进行激烈竞争。一直以来，日韩对越南的投资稳居一、二名。随着中国的人工成本激增和中日两国争端造成的不利影响，日本企业对东盟成员国的投资与日俱增。且在考虑将制造业撤出中国的日本企业当中，越南也是其首选目的国。韩国企业也已经站稳了越南市场，大量企业的海外投资地会首选越南。西方国家的大企业也陆续登陆越南市场，如美国的耐克鞋厂从中国转移到了越南。以胡志明市南部的农业大省隆安省为例，如今已建成了许多工业园区，正在接受越来越多的加工业入驻。

二 中国企业在越南发展面临的问题

第一，**企业之间恶性竞争现象突出**。目前越南对外投标工程中大部分项目由中国承包企业获得。为了获取承包工程，中国企业之间相互竞争把价格压至非常低。这一恶性竞争既损坏了企业自身的利益，也造成了企业之间的不团结。

第二，**承包工程有拖延现象**。中国的国企虽然在资金上有一些保障，在越承建了一些基础设施建设、水电建设的项目，但也受到了不少诟病和指责。比如始建于2011年的河内吉灵到河东段的轻轨，由中铁六局集团承包，在长达8年的时间中，由于各方面的问题屡次停建，还发生了几次事故。这其中很大一部分原因在于越南政府，但事实上却造成了横跨在河内市中心的空中架轨工程迟迟没有完成，既影响了河内市本已拥挤的交通，又留给越南市民中国工程拖延、工程作业不严谨的印象。

第三，**对于开发越南市场不够重视**。与韩国、日本等投资国相比，**中国对越投资缺乏大企业投资、品牌企业的投资**，这与中方不够重视越南市场开发、对投资越南市场的政策和资金方面的支持力度不大有关。而反观韩国和日本，企业行业十分重视对越南市场的开发，政府把开发越南市场当作一项重要的外交工作来展开，真正做到了政府搭台、企业唱戏、学者建议与评估的三位一体格局。目前越南主要市场几乎被韩国、日本与西欧国家企业占领，留给中国投资的市场空间已经不多。

第四，**对当地法律法规不熟悉，缺乏企业本地化的文化意识**。企业投资前普遍没有进行细致的市场调研、对越南的经营法律法规普遍不了解或者不愿意去了解，所以遇事往往束手无策，造成了很大损失。此外，中国企业对越南的文化、历史以及社会了解的意欲不高、缺乏企业本地化的文化意识，造成了当地民众到中国企业工作的意愿不高。这些因素都阻碍了中国企业在当地的发展。

第五，**商会与企业之间沟通协调不够**。商会是在经商处指导下的一个非营利而松散的民间团体，商会负责人能否凝聚民营企业或者各行业的投资者，全靠他们自身的自我修养及其对商会工作的热爱程度、责任感。在越南，本应凝聚中资企业、指导企业经营的商会发挥的作用还不够。许多商会的主要工作就是一年中组织几次企业联欢会，为民企解决实际问题的作用并不明显。

第六，**来自越南方面的误解**。越南民众普遍认为中国企业只为获取利润，没有帮助越南经济发展的想法以及愿望。究其原因，这既有政治上的原因，也有越南民众对中国商品以及中国企业对越南投资存在误解的因素。越南政府及民众对中国企业存有很强的防范心理，认为中国企业盯着越南的敏感行业、极力想在敏感地区投资，而他们不愿意中国企业在关系到其民生、国家安全的行业进行投资。

由此，越方会有意无意地限制中国企业扩大经营，还经常把中国企业的技术以及管理方法与日本、韩国企业做比较，认为中国企业不及日韩企业。实际上，目前越南经济的发展水平最适合引进中国企业的技术。

三　对策与建议

第一，在韩国、日本对越南占有市场优势，其他欧美国家资本也都纷纷涌入越南市场的情况下，中国政府可以**鼓励一些大企业、技术含量高、环保技术高的企业进驻越南，并引导企业投资一些越南政府最需要发展以及关注的领域**，为今后的长远发展打下基础。越南现在最需要的是高科技产业，我们可将国内位于中上游产业链条上的技术产业移植到越南，通过带给当地先进的技术和产业，树立起自己的行业品牌，进而改变中国企业、产品在越南人心中的形象。

第二，**日韩工业园的办园模式和经验值得我们借鉴**。日韩企业很早就在国外办工业园，积累了深厚的经验。在建园前他们会从长远的角度出发，经过严密细致的调研、反复论证，并与当地政府或技术管理者进行充分沟通，咨询了解意见。

第三，**中小企业进驻越南前要注意接受培训**。其一，充分了解当地市场的特点、法律法规和社会风土人情，如越南的工资成本看起来只有中国的1/3或是一半左右，但是**越南工人生产效率低**，没有加班加点的习惯，动不动就罢工或跳槽，目前很多在越投资的中国企业更是被要求以每年10%的速度提高工资。其二，不少中国企业是奔着欧美国家给越南的惠普关税，利用刚生效的《越南—欧盟自由贸易协议》和CPTTP来避开关税壁垒到越南设厂从而从事出口的，而这些协议**对企业的生产质量、环保、原产地材料等都有很严格的规定**，企业投资越南前对相关规定要进行充分的了解。其三，**越南行政机构办理相关手续的效率低**，手续烦琐，中方经营者对这些都要做好时间上和心理上的准备。

第四，**发挥中国商会联合的作用**。利用在越商会把相关行业和企业团结起来，抱团取暖。在当地投资建厂可以采取整体进驻的模式，尽量减少单兵作战的方式。

第五，**要充分利用中越两国在地缘上的优势**，中越陆路和海路交通都比较便捷，目前两国经贸合作正在加深，要利用地缘优势营造两国关系向稳定方向发展的氛围，继而共同构建一个愿意投资、一个乐意接纳投资的良好营商环境。

（暨南大学国际关系学院副教授 邓应文）

创新发展调研与分析

中日应适时开发数字货币跨境支付体系
——"区域金融合作与金融稳定"国际研讨会综析

本文要点：加强基础设施投资应成为未来东亚金融合作的重要方向；中国可以考虑在适当时候以资金捐助者身份加入东南亚灾害保险基金，为东亚地区的灾害管理提供有效的公共产品，增强中国在区域金融治理当中的影响力。此外，可以利用数字货币、数字特别提款权和区块链系统，建立新型跨境支付体系，提高支付效率，降低支付成本，将特别提款权做成真正的超主权货币，中日两国可在此领域展开合作，从而为国际货币体系改革做出贡献。

2018年12月，笔者随团赴日本明治大学参加了"区域金融合作与金融稳定"国际研讨会。此次研讨会为中国社会科学院与日本明治大学的交流合作项目，参与者为中日双方经济和金融研究领域的专家学者和政府官员。

一 区域金融合作与金融稳定尤为重要

在题为"如何通过金融支持亚洲降低风险和促进改革"的主题发言中，日本财务省国际局的专家对亚洲国家目前所面临的经济和金融形势进行了梳理和分析，认为跨境资本流动和贸易摩擦是当前东亚国家面临的两大风险。为了应对这些风险，需要进一步降低东亚地区对于国际货币基金组织（IMF）的依赖性。目前清迈倡议多边化机制对于IMF的脱钩比例为30%，他认为还存在进一步提升脱钩比例的必要性。

在促进东亚地区经济发展和改革方面，与会专家认为，有两项金融合作十分必要：一是需要**大力支持基础设施投融资**。根据亚洲开发银行的测算，从2016年到2030年，亚洲需要26万亿美元的基础设施投资。在持续推进亚洲债券市场建设（ABMI）和运作信用担保与投资基金（CGIF）的基础上，可以建立新的担保机制，为东亚基础设施建设提供本币贷款担保。

二是**建立东南亚灾害风险保险基金**（SEADRIF）。2018年5月"东盟+3"财政与央行行长会议发表联合声明，建立东南亚灾害风险保险基金。同年12月，日本、新加坡、柬埔寨、印尼、老挝和缅甸六国签署了关于成立SEADRIF的备忘录。该基金是一个在抵御气候和灾害风险方面为东盟国家提供金融解决方案和技术建议的区域合作平台。日本、新加坡和洛克菲勒基金会作为捐助者，为该项目提供资金，用于支付区域巨灾风险池计划的启动和运营成本。世界银行则向柬埔寨、老挝和缅甸提供技术援助和分析支持。SEADRIF 保险公司在新加坡成立，隶属于 SEADRIF，为会员提供保险和金融产品及服务，帮助成员进入国际再保险和资本市场。

来自东盟与中日韩宏观经济研究办公室（AMRO）的专家，在分析了建立独立金融经济风险监测机构 AMRO 的必要性之后，认为 AMRO 可以有效地提升区域对于金融和经济风险的辨识和把握程度，有助于增强亚洲各国的风险防范能力。他认为，AMRO 今后可以与 IMF 展开政策磋商以及向国际收支统计尚不完善的国家提供技术支持。在出现紧急情况时还将负责各国互相交换货币的"清迈协议"的秘书处职能。与欧洲不同的是，**亚洲各国拥有充裕的外汇储备，紧急时可以通过外汇储备的融通进行应对**。

来自日本银行国际局的专家探讨了东亚及太平洋地区中央银行行长会议组织（EMEAP）在地区金融稳定中所能发挥的作用。EMEAP 成立于 1991 年，包括东亚及太平洋地区 11 个经济体的中央银行和货币当局，是该地区最重要的中央银行合作组织。EMEAP 于 2003 年发起设立了亚洲债券基金（ABF），其目标在于促进亚洲本币债券市场的发展。目前该基金包括泛亚债券指数基金和 8 个单一市场基金，以被动投资的方式投资于 8 个亚洲国家的主权和准主权本币债券。亚洲债券基金正在实施"债券出借"业务，希望以此促进亚洲本币债券二级市场的流动性、增强价格发现功能并推动相关的金融基础设施建设。

二　数字货币与金融科技发展迅猛

来自中国社会科学院金融研究所的专家指出，数字货币为货币系统的运行和演化提供了新的启示，但是其发行机制对于货币政策的否定至少在当前阶段是货币当局所无法接受的，因此如果将来出现由货币当局主导的数字货币，在运行机制上也必然会与当前的主流虚拟货币有所差异，很可能更重视其中货币流通的可追溯性和去中心化交易机制的安全性与稳定性。**数字货币之所以会成为一个长期的趋势性货币是数字经济所决定的**。数字经济的基本特征是它的交易效率超过了生产效率，从而使得整个经济发生变化。

来自日本金融厅的专家结合日本被黑客非法入侵造成价值580亿日元的虚拟货币被盗一案，就金融厅自2017年以来对虚拟货币交易所或者从业者的监管所面临的环境进行介绍，并对今后金融厅在问题交易所应该强化的监管方向进行了梳理。他指出，日本政府在发达国家中较早推行了合法化数字货币的一系列法案。2017年4月日本金融厅颁布了《日本支付服务法案》修订版，承认了比特币为合法支付工具。2017年9月，日本金融厅为11家数字货币交易所颁发了首批数字货币交易所运营许可。日本政府对于数字货币交易的开放态度，以及鼓励国民使用数字货币完成移动支付的努力，让日本成了全球数字货币交易最发达、国民参与度最高的国家。

中国社会科学院世界经济与政治研究所专家刘东民指出，当前**由发达国家主导的跨境支付体系竞争效率低下，也难以保障广大发展中国家的权益**。由于几乎不存在竞争，现有的服务提供商很难有动力持续提升技术和服务水平，接入这些系统的金融机构也乐于坐享其成、索要高价。当前跨境支付服务不透明、价格高、耗时长的问题已经广受全球使用者的诟病，也引起一些国际组织的关注。以比特币为代表的数字货币近年来在跨境支付活动中发挥越来越重要的作用，使全球跨境支付体系的重组成为可能。由于数字货币通常是基于分布式账本技术的代币，该技术能够确保交易具有可追溯性且不易被篡改。

更为重要的是，其所支持的去中心化的交易模式使跨境支付效率得到极大提升，可从传统的3—5天缩短到1天之内；同时交易费用也大幅下降，可从传统系统的 7.2% 降至 1% 以下。从而，**可以基于法定数字货币和特别提款权（SDR）建设新型全球跨境支付网络**，将集中式体系和分布式系统相结合，这不仅能够利用数字货币点对点的传输模式有效改善当前跨境支付耗时长、费用高的问题，而且将推动当前完全由发达国家掌控的高度中心化的全球跨境支付体系，转变为更多发展中国家都能平等自由参与、适度中心化的灵活包容的体系，显著提升中国的金融安全以及中国在全球金融治理当中的发言权。

基于法定数字货币重建跨境支付体系可以通过三种路径：**第一种由国际货币基金组织主导**，所有成员国参与。IMF 可以为 SDR 加上数字货币的功能，并建立基于数字 SDR 的跨境支付体系。在这一体系下，所有 IMF 成员国都将被包含在基于数字 SDR 的多边网络中：一国在跨境支付时先将本币兑换为 SDR，通过数字 SDR 跨境传输后再兑换为外币。这一路径具有完备性和高效性的优点。一方面，由于 IMF 是一个由 189 个成员组成的多边国际金融组织，而 SDR 的价值又由 5 种货币决定，该路径提供了一种令最多国家信服的方案。另一方面，通过这一系统的建设，SDR 变成了真正的超主权国际货币，国际货币金融体系改革将取得重大进展。

第二种是由个别国家主导，其他国家自愿参与的路径。一些具有金融实力的国家可基于自己的法定数字货币构建跨境支付体系，而其他国家可以根据自身的成本和收益来决定是否加入这些体系。该路径尤其适合构建区域性的跨境支付系统。

第三种是结合了上述两种体系的共存路径。在此路径下，IMF 主导的体系和个别国家主导的体系交互存在，以满足全球、区域和双边等不同层次的跨境支付需求。

三 债务风险在于举债速度过快

中国社会科学院世界经济与政治研究所副研究员陆婷和东京大学特聘教授河合正弘分别探讨了发达国家货币政策正常化给中国和其他新兴市场国家在跨境资本流动、外部融资成本、债务可持续性等方面带来的金融影响。

他们认为，在发达国家此轮货币政策正常化过程中，包括中国在内的新兴经济体势必面临来自资本流动、汇率和利率渠道的一系列冲击，如何未雨绸缪，积极面对发达国家货币政策调整的负面溢出效应，显得至关重要。相较于其他新兴经济体，中国拥有更为良好的经济和金融条件来应对外部冲击，但仍需在全球流动性收紧之际，灵活运用各项政策工具，为中国国内经济增长创造平稳的流动性环境，同时完善跨境资本流动宏观审慎管理，健全金融监管体系，有效防范和化解外部风险。河合正弘教授更进一步强调了新兴市场国家的债务可持续问题，指出中国的外汇储备为中国应对海外债务风险提供了雄厚的基础，但同时**要警惕外币债务继续高速积累，中国债务风险不在于总量，而在于举债速度过快**。

来自佳能全球战略研究所的日方专家重点回顾和探讨了中国金融体系改革的进展，并以日本曾经经历的金融体系改革为参照指出，面临当前极其复杂的环境和挑战，中国金融业的出路、选择、新的机遇仍然在于不断地深化金融改革和开放。中国社会科学院世界经济与政治研究所的专家肖立晟认为，2015年8月11日汇改之后，中国汇率政策的实质依然是逆市场的预期管理，包括在市场普遍预期汇率会贬值的情况下，通过持续干预将汇率稳定在给定水平，甚至使汇率有所升值；通过持续的汇率维稳打破贬值预期；以及通过消除贬值预期减少资本外流、消除贬值压力，实现汇率自主稳定。来自明治大学政治经济学部的教授则指出，对于人民币国际化来说，人民币定价上升和人均收入上升，即经济保持稳步上升的状态是最重要的基础。与此同时，中国还需要不断开放市场，为人民币在全球范围内的使用提供支持。

四　启示与政策建议

第一，中国可以考虑在适当时候加入东南亚灾害保险基金。

目前，中国尚未直接参与东南亚灾害保险基金的运作。日方财政部官员提出，中国可以作为捐助者参与基金的运作，中方学者也认为中国有参与的必要。

经常发生的洪水和其他影响大量人口生计的自然灾害是东南亚国家面临的一项重大挑战，往往使政府急需短期流动资金的资助以应对灾害。自然灾害会产生巨大的财政风险，并造成重大的预算波动。如果没有足够的财务规划，灾害将迫使各国从重要的发展支出中转移资金，如教育、卫生和基础设施投资。

东南亚灾害保险基金支持东盟国家在灾害发生前制定和实施灾害风险融资解决方案，可以帮助受灾国政府快速获得用于即时救济和持续复苏的资金，从而更快地实现灾后恢复并减少人力和财政成本。通过各国合作可以显著降低保险成本，与各国单独进入国际再保险市场的成本相比，加入东南亚灾害保险基金保费节省超过25%；减少对国家预算分配的扰乱和对不确定的人道主义援助的依赖；通过区域风险共担和集体市场方法，改善进入国际再保险和资本市场的渠道；创建一个透明的、规则导向的机制，为参与国提供灾害援助，使政府能够提前做出规划；提供有价值的公共产品，如由最先进技术支持的洪水风险评估模型。

中国倡议的"一带一路"建设，正在全球范围内产生越来越大的影响力，在赢得广泛支持的同时，也有一些负面意见（如债务可持续性问题）随之而来。东南亚是"一带一路"建设的重要地区。**以资金捐助者身份加入东南亚灾害保险基金，能够使中国以良好的建设性姿态深化东亚金融合作**，为东亚地区的灾害管理提供有效的公共产品，这不仅能够增强中国在区域金融治理当中的影响力，也将提升中国在"一带一路"建设和全球金融治理当中的软实力。

第二，**中日可以合作开发基于数字货币的新型跨境支付体系**。

当前的全球跨境支付体系由美国所掌控，美国常常通过切断跨境支付系统对其他国家（如伊朗、朝鲜和俄罗斯等）实施严厉的金融制裁。欧洲的一些跨国金融机构，如德意志银行、法国巴黎银行等也都遭遇过美国政府的金融制裁。2019年1月，德、法、英三国联合宣布，在法国巴黎正式建立欧洲独立跨境支付系统INSTEX，以保证伊朗在美国实施制裁之后依然能够开展国际贸易。

中美两国的竞争具有长期性和艰巨性，美国在特殊情况下借助跨境支付体系对中国发起金融制裁的可能性是存在的。日本政府在数字货币领域的积极行动，在较大程度上是日本企图构建未来金融国际竞争力、逐步摆脱美国金融控制的体现。可以看出，**中日两国在全球跨境支付体系改革当中拥有共同利益**。目前，中日双边关系正处于较为良好的时期，两国可以利用数字货币和区块链技术联合开发新型跨境支付体系，保障两国的金融安全。

（中国社会科学院世界经济与政治研究所副研究员　刘东民
中国社会科学院世界经济与政治研究所副研究员　陆　婷）

全球治理及金融协作、监管

——T20"全球经济治理"年会之观察

本文要点：印度与日本两国于2019年1月召开题为"全球经济治理"的"智库20"（简称T20）高级别闭门会议，邀请八个G20国家的代表参会。日本希望在2019年轮值主席国期间推动G20国家在政策合作领域有实质性的进步，改善G20国际影响力减弱的趋势。会议讨论了发展融资自身的可持续性、金融科技的监管、全球金融系统如何支持中小企业、地缘政治给全球化带来的挑战等议题，呼吁在这些领域的全球合作。各国代表普遍认为，全球经济增长前景不确定性提高且缺乏方向，中国经济减速对全球经济带来的影响令人担忧。

2019年1月，印度智库梵门阁与日本亚洲开发银行学院、国际货币问题研究所、日本国际问题研究所在印度孟买联合举办了主题为"全球经济治理"的高级别闭门圆桌会议。该会议是日本官方指定的"智库20"（T20）系列活动之一，邀请了中国社会科学院、阿里研究院、美国布鲁金斯协会、阿根廷国际关系理事会、日本安全研究所、土耳其经济与外交政策研究中心、加拿大网络与政府创新中心、德国国际与安全事务研究所八个国家的高端智库和相关领域的商界领袖。

中国社会科学院世界经济与政治研究所曾于2016年中国担任G20轮值主席国期间，作为牵头机构协调了T20的系列活动。世界经济与政治研究所相关研究员受邀在本次论坛上做重要发言并参加了政策讨论。

一 G20轮值主席国日本的主要诉求与行动

近年来，G20因在其框架下难以形成决议从而实质性地推动政策合作与国际发展一直饱受诟病。虽然在G20兴起之初，成员国采取了很多政策措施共同维护国际金融秩序的稳定，但是金融危机过后，G20峰会一直没有形成有影响力的共同举措，G20也逐渐被称作二十国的"清谈馆"。以阿根廷为代表的不少国家都逐渐意识到这一问题，希望在自己担任轮值主席国期间推动各国在关键领域达成共识，推进政策合作，日本政府也不例外。**日方认为G20努力的方向有三个：一是推动国际社会关于实现可持续发展目标的合作努力；二是帮助解决全球性的问题；三是不断推进世界经济往创新方向发展**。T20应当承担G20思想库的角色。在具体的做法上，本次论坛日方将所有的讨论以政策为导向开展。

根据日方智库介绍，2019年G20活动设置十个工作组，其中与本次论坛相关的议题包括：发展中国家的基础设施与基础设施融资，金融科技将如何在就业、教育等方面影响社会，全球治理。在这些方面进行的政策讨论内容非常丰富具体。此外，老龄化及其经济影响、数字时代的就业和教育、对非合作等也成为日本关注的议题。日本自 20 世纪 70 年代开始率先进入老龄化社会，而包括中国在内的很多发展中国家已经或随后将面对这一问题的挑战，日本希望引领应对老龄化的政策前沿讨论。

二 主要议题和关键讨论

论坛包括四个主题：可持续发展框架下的全球金融协作，设计金融科技的全球监管机制，重塑服务于中小企业的全球金融系统和地缘政治给全球化带来的挑战。专家们在讨论中指出，**可持续发展框架下的投资现在面临的一大问题是这些投资自身具有不可持续性**。根据估算，全世界完成可持续发展目标需要的资金在 20 万亿—30 万亿美元，投资的领域包括基础设施、减贫、教育等。一方面，这些投资必然是低回报率的，具有显著的外部性，且产品价格（例如高速公路收费等）只能控制在一定范围内才能实现可持续发展的初衷。这就意味着这些金融资本本身就面临不可持续的问题。另一方面，致力于可持续发展的投资往往以公共部门投资为主，这些资金不像私人部门投资一样以营利为目标。问题在于，不以营利为目标往往意味着投资在具体方式、执行过程、成果监测方面缺乏管理，资金使用的低效率会加剧可持续发展融资的不可持续问题。

在这方面，一个可供推广的政策方式是实施以目标为导向的投资。如巴基斯坦的教育发展投资中明确规定了入学率、学习成绩等成果目标，资金的发放以目标的实现为依据。推广这一投资方式，制定正确的、不会产生误导的成果目标是关键，这就需要不同国家和机构之间的经验分享，可以在 G20 框架内展开合作。

中国社会科学院世界经济与政治研究所与会代表指出，**能力建设是提高可持续发展融资可持续性的重要方面**。通过投资项目不断提高所在地区政府和机构的能力，既能够在瞄准投资领域、改善过程监管、有效实现项目目标等方面提高资金的使用效率，又能够降低被投资主体未来对资金的需求和依赖。不注重能力建设的投资往往形成重复性的资源浪费。对于中国而言，改善可持续发展融资的持续性问题是我国面临的重要问题之一。像过去一样低效率大规模的公共资金投入是不可持续的，提高公共资金的使用效率、通过有限的公共资金引导私人部门加入是我国现阶段最重要的发展融资政策问题。

此外，专家学者强烈关注世界经济走向、全球化前景及全球治理并普遍认为，**世界经济形势的不确定性逐渐增强**。整体而言全球经济的发展缺乏方向，这种形势事实上从2016年就开始显现。2016年至今，世界经济论坛上唯一出现的有力声音是2017年习近平主席在达沃斯论坛上题为"共担时代责任，共促全球发展"的演讲。当前，全球经济面临挑战、民族主义和反全球化声音在多个国家出现。专家们认为，这些情况出现的很重要的原因是**国家之间、人群之间没有平等地分享全球化的红利**，这导致部分国家和一些国家内部的部分人群出现了反全球化的诉求。

在历史上，全球化备受推崇，大家普遍认可它能够带来国际分工、发挥比较优势、提高生产效率、降低消费价格，但是这种全球化的愿景过于强调消费角度的福利而一直忽略了生产角度的摩擦和结构调整成本。在全球化过程中，一些国家从国际贸易和全球分工中的获益高于其他国家，而另一些国家承担的生产方面的全球化成本高于其他国家。随着这种收益和成本差异的不断累积，国际社会的全球化摩擦必然加剧。在国家内部，留学生、外国移民劳动力等对本国的就业岗位产生了替代效应，影响了本地工人的就业，这些社会矛盾长期没有得到妥善解决，国内舆论压力也会迫使政府采取保守的移民政策或贸易政策。

也有专家认为，**西方国家经济面临问题应当从自身找原因，而不应从环境变化中、从他国身上找原因**。西方国家享受了全球化的福利，而在承担全球化成本的方面没有向改善国内政策的方向努力，却苛责发展中国家，它们现在在反全球化方面的诉求是要求发展中国家做出利益让步。中国在自由化改革中蓬勃发展，而美国在自由化方面的角色正在退缩，这种鲜明对比清晰地反映出了美国的问题。

各国高度关注中国经济。与会学者关心中国经济增速变化对周边国家和伙伴国家可能产生哪些影响；也迫切希望知道中美贸易摩擦以及其他反全球化的动作之下世界经济的走向。

与会代表对于中国迅速发展是否给国际社会带来"威胁"产生了激烈的讨论。一些专家指出，中国近年来的迅速发展与日本在20世纪40年代开始的发展并无二致，只因日本是资本主义国家，其他发达国家就没有提出质疑；今天中国采取的产业扶持政策与日本当年倡导的产业政策如出一辙；国家发展给世界带来的影响不应是基于价值观的。还有专家指出，日本和中国发展过程的巨大差别在于两点：一是日本的经济体量远小于中国；二是中国是国家资本主导而日本当年是私人部门主导。多数专家指出，中国在世界经济中并不想充当美国的角色，但充当什么样的角色这一问题中国并没有向世界阐述清楚。**在承担国际责任、推动全球发展方面，中国虽然经济体量很大，但是经验和能力仍然不足。**国际社会不应对于中国的发展和崛起过于恐慌，也应当对国际秩序的调整和重构持更加开放和包容的态度。

论坛同时讨论了金融科技、中小企业融资、人工智能的影响、绿色发展和低碳等问题。在金融科技方面，移动支付的发展较传统金融方式而言具有巨大的优势，更有利于发展普惠金融。以印度为例，印度有一半的人没有银行账户，但是有大规模的人使用智能手机，这给普惠金融带来了巨大空间，它解决了很多传统金融不能解决的问题。日方希望通过G20活动倡导建立全球监管框架，讨论大数据的所有权和使用原则，制定基线原则保障个人数据的隐私性。一些代表指出，日本等国由于监管过多、过度保护公众利益等导致制度禁锢，社会近年来一直缺乏创新。中国目前在金融科技、大数据使用等方面走在世界前列。除了国内的蓬勃发展之外，阿里巴巴在印度等发展中国家的移动支付、电子商务方面已经存在大量投资。**中国可以在金融科技及其带来的包容性金融发展方面引领前沿的政策讨论。**

三 梵门阁智库的运作经验与借鉴

梵门阁自2015年开始已连续五年与T20的轮值协调单位联合举办T20高层圆桌会议。其目标是与G20智库代表讨论关键议题，形成政策简报服务于印度政府。印度将于2022年担任G20主席国，其T20活动将由梵门阁协调开展。在本次论坛中，除外交部秘书长之外，德里政策集团局长以及多个政策部门全程参会，此外，印度储备银行、印度进出口银行、印度BSE中小企业平台、瑞信银行（印度）、曼尼·德氏基金会等单位都由首席经济学家或高级代表参会。

从参会人员的构成来看，梵门阁致力于通过这一高级别的活动使印度外交部和主要政策机构充分了解G20框架下国际讨论的前沿、对政策制定发挥积极作用；同时协调业界积极参与到政策讨论中来，使其既掌握国际社会在相关问题上的关切点和改革方向，又给予充分的空间让他们在这些对话中发声、反映这些领域的实践现状和问题。**这种与政府并肩工作、向社会充分伸展、同时与国际一流智库密切咬合的运作方式使得梵门阁的国际和国内影响力不断加强。**

我国智库、政府和社会的角色相对独立。智库为政府部门提供了重要的咨询服务和智力支持，但是这种合作多是在既定主题内根据政策需求委托开展的，智库角色较为被动，且提供的智力支持存在量身定制带来的适用性狭窄、跨部门协调视角不足、影响范围较小等特点。智库与政府部门之间的开放式讨论有限，常规性沟通机制缺失；政府部门在决策过程中对智库知识产品的实际依赖程度较低；智库特别是部委附属研究单位所提供的政策支持容易受到所在部门或委托单位的利益影响，很难具有独立性，这也影响了其智力支持作用的发挥。

此外，社会力量在政策制定过程中的前期参与不足，各利益相关方增进了解、对话共商、表达观点和诉求的协调激励平台很难形成。而一个完善的智库网络恰好可以发挥这一作用。梵门阁举办的开放式论坛在世界银行、欧盟研究部等多个有广泛影响力的高端智库都有实践，可供我们借鉴。

四 小结

作为多边协调机制，G20 的国际影响力在近年来日渐衰落，其标志是 G20 不能在政策方面达成实质性的共同行动，各方对 G20 的期望都逐渐下降。各国虽然都意识到这一问题也试图进行改善，但是没有取得根本性进展，其背后的原因是 G20 不复其成立之时二十国迫切需要携手才能力挽狂澜的危机状况。虽然当前各国都面临环境治理、老龄化、人工智能冲击等共同关注的问题，但是各国的具体问题存在显著差异，发展优先序不同，多边合作对于解决各国自身迫切问题的助益也不明显。在 G20 影响力走弱的同时，WTO 等重要的国际多边合作框架都在发生变化，国际双边关系的变化更加显著。国际政治经济形势动荡、全球治理体系受到严峻挑战，在这样的背景下希望**重塑 G20 的角色并且使之主**

动积极地推动成员国的国内政策改革，并不容易做到。

旧的全球治理体系受到全面挑战，新的全球治理方案和设想不断涌现。在此过程中各国的诉求出现差异，各方广泛协商、充分表达利益诉求、循序推进，这是必经的过程。从这个意义上，G20是多边沟通磋商的重要平台。在世界经济发展的不确定性明显提升的今天，沟通和磋商的价值不逊于形成共同行动，这种成果的价值是隐性的。经济危机总是潜在存在的，在国际经贸冲突加剧、国内增长驱动不足的情况下更是如此，**G20框架所提供的沟通协商的窗口对于规避潜在经济危机具有重要意义**。中美两国2018年在阿根廷G20峰会期间的会晤就是证明，它显著推动了中美贸易摩擦的磋商。在G20框架内，T20的系列活动由于其更高的专业水平、更多的讨论与思辨形式以及更少的政治考量，对于强调各国利益共同体、责任共同体、命运共同体的现实、增进政治互信、呼吁政策协调、倡导可持续发展具有积极作用。

（中国社会科学院世界经济与政治研究所副研究员　宋　锦）

法定数字货币的发展及中国应对
——国际电信联盟法定数字货币会议调研总结

本文要点： 国际电信联盟法定数字货币焦点组的任务是研究和探讨法定数字货币的架构设计及其国际标准。本次会议完成了参考架构、监管要求和经济影响、安全三个研究报告。在发达国家的央行数字货币发展缓慢的背景下，我国应鼓励民营企业和金融机构开发数字"丝路币"，包括丝路人民币和丝路国际币两种，同时应继续研发央行数字货币，积极参与国际标准制定，保证我国法定货币体系在未来与其他国家具有兼容性和互操作性，以便在新一轮国际货币竞争中占领先机。

2019年6月，国际电信联盟法定数字货币焦点组第三次会议暨最终会议在瑞士日内瓦国际电信联盟总部召开。该焦点组主要针对央行数字货币的标准展开研究，运行时间为2017—2019年。本次会议是在参考架构、监管要求和经济影响、安全三个议题下，总结并讨论焦点组两年来的研究成果并提交研究报告。来自世界各地的30余家相关机构参加了会议。

一　会议三大议题

（一）议题一：央行数字货币的参考架构

央行数字货币参考架构的研究报告分三部分内容：

第一，**零售业务的设计原则和参考架构**。首先，**央行数字货币零售业务的设计原则应考虑政策、交易使用、可审计性、可扩展性、互操作性、可靠性等方面**。在政策方面，央行数字货币应作为中央银行资产负债表上的负债，设计货币供应和流通机制以维持金融稳定，而且应是需求决定和完全弹性的。在交易使用方面，央行数字货币应实现价值的立即转移，根据交易金额实施分级监管，交易应是实时、最终且不可否认的。在可审计性上，应根据发行权和所有权证明实现可追溯和可审计，通过参数化来平衡交易（方）的匿名性和可追溯性，支持消费者的"付款证明"以在故障时恢复电子钱包。在可扩展性上，固体基层可在不同阶段逐步扩展，通过开放、标准化的接口可与新模块和功能集成。在互操作性上，可在任何类型装置和操作系统中同等使用，基于公认的标准和框架进行设计。在可靠性上，能够针对网络攻击和不同类型的欺诈提供最佳保护，提供良好的性能和交易速度，可全年365天24小时使用。

其次，**央行数字货币的架构可考虑三种模式：一是中心化系统**，央行控制技术基础设施，终端对终端的解决方案可由公众在央行基础设施上开发。**二是广泛访问的数字法币服务**，央行仅控制必要组件，而向银行和其他金融机构开放应用程序编程接口来实现法定数字货币的功能。这种模式下，数字钱包由金融机构管理，他们彼此竞争并提供更具附加值的服务。**三是由央行控制货币供给的分层分布式网络**。央行控制着货币发行和流通的数量，但是货币流通和交易的链条与当前现金系统并无二致，即数字法币的流通仍通过现有商业银行和电子货币运营商到达公众手中。

最后，**与央行货币挂钩的稳定币是一种法定数字货币，具有重要性**。虽然不是中央银行直接发行，但是稳定币的出现为市场参与者进行与中央银行目标同步的实验提供了激励。央行数字货币的设计原则应与国际反洗钱和反恐怖主义融资的标准相一致，同时允许一定程度的匿名性；也可以设定利率以鼓励使用，并有助于央行消除利率政策的有效下限；离线功能也是必要的属性，以抵御灾难性事件。

第二，**批发业务的设计原则和参考架构**。首先，**从监管角度，去中心化的设计为中央银行在交易确认中的角色提供一个新的范例**。在分布式架构下，中央银行只接收金融机构之间的交易信息副本，而不参与交易处理。这将减少交易处理所需的结算时间，使央行更专注于监督职能。中央银行可以更多地参与交易的持续自动监控，并在识别出具有不同敏感度的可疑或无效交易时进行定制化的干预。随时间推移，这些干预措施可以通过数据分析和主动策略得到改进，以进一步降低支付系统的风险。

其次，**从系统效率的角度，参考架构应支持可扩展的支付系统**。分布式账本技术是一个生态系统，只有随着生态系统范围和规模的扩大，系统效率才能提高。可扩展性取决于许多因素，包括系统采用的机密性和共识机制、节点架构和延迟性等。参考架构还应促进机构交易细节的保密性。防止参与者泄露同行及其交易的机密信息，同时允许中央银行或其他监管机构访问支付系统。此外，参考架构应提高支付系统的韧性以及市场参与者的可得性。

具有韧性设计的分布式系统架构可以通过促进"零事故"操作来解决一些技术问题。一个允许对多节点独立验证的共识机制可防止单中心所受的黑客攻击向外传播。

最后，**分布式账本技术还能促进支付系统的附加功能**，如处理证券结算、流动性节约机制等。分布式系统使在单一共享账本上对现金和股票进行代币化成为可能，较当前结算系统更好地实现了钱货两讫的资产交互，为实施各种超越传统技术的"交货与付款"模型提供了机会，并可以在金融机构之间以智能合约的形式实现。同时，智能合约还可用于基于分布式账本的流动性管理，实现双边交易的净结算。去中心化的架构使个体参与者能够提出实时反映其自身现状的净额结算建议。

第三，**跨境业务的设计原则和参考架构**。跨境业务与国内的批发和零售业务存在共同点，但也有特殊之处。参考架构的设计需要考虑各国国内结算系统的多样性；设计适当的治理结构，在多国引入和维护共同的监管标准和法规；促使支付链条上的银行遵守多项监管要求和抵押品评估要求；适应不同国家在央行数字货币商业模式上的差异，而不影响无缝互操作性；可通过哈希值和时间锁定合同连接跨境支付网络，而不需要信任中介；处理跨司法管辖区的不同隐私制度；在不同国家以足够灵活的方式平衡隐私、透明度和合规性；实现跨境交易的实时或近实时结算；优化跨境支付流程，以降低消费者的总成本。

跨境业务架构可分为两类：第一类是可互操作的国内央行数字货币。国内央行数字货币有许多架构选项，因此需要一个具有高效互操作性的模型来支持跨境支付交易。三种设计方案可供选择：一是中介方式，通过中介机构进行资产交换，如换汇和转账服务；二是直接加宽通道，使用支付网络，无须中介参与；三是多种货币直接路径，允许在同一网络中使用多种货币，仍需中间人进行转账。**第二类是基于一篮子货币的通用法定数字货币**。各国通过各自的中央银行或全球多边机构，建立一个由参与国央行发行货币组成的一篮子货币作为支撑的数字法币，设立专门的交易所用于发行和赎回。

（二）议题二：央行数字货币的监管要求和经济影响

监管要求和经济影响报告由三个子报告构成：

第一，**针对16国央行开展的有关法定数字货币治理问题的调研分析**，涵盖法律和经济方面的19个问题。调研结果显示，墨西哥、中国、埃及等8个国家的现行法律法规不适应法定数字货币的应用；中国、埃及、莫桑比克和巴基斯坦禁止或警告私人发行的数字货币；巴西、中国、莫桑比克等5个国家认为不需要考虑发行数字法币，但是认识到数字支付的好处。

第二，**为各国央行提供的央行数字货币实施清单**，涵盖设计与基础设施、政策与监管、互操作性、应用实施四个方面。政策与监管方面的问题涉及：促进相关行动者之间的监管和执法协调，对重要中介机构和数字钱包服务商的规定，相关技术的许可要求和使用限制，数字钱包所有人、中介机构与钱包资金之间的法律关系，保护数字钱包和资金免受欺诈和篡改，消费者在创建和维护数字钱包时须遵守的身份和注册要求，数字钱包和交易受监控的程度，允许匿名或假名账户的条件，不同类型钱包的交易和盈亏限制，生成数据的分类和管理，对财政政策、金融和宏观审慎政策的影响等。

第三，**央行数字货币的监管挑战与风险。对中央银行而言，法定数字货币可能使广义货币大量被基础货币所取代，削弱存款供给的利率弹性，并驱使央行扩大资产负债表**。因此，央行需要相应调整法定职责以允许信贷更有针对性地向实体经济配置，更深层的关键问题是法定数字货币系统如何从现有货币政策框架和操作中实现更大的创新和变革。同时，银行体系、央行角色以及货币政策框架的任何根本性变化，都可能在短期内影响金融体系的稳定，对开放的小型新兴经济体尤为危险。因此重新协调国际金融安排是改革成功的先决条件。

对商业银行而言，法定数字货币的大量民间需求可能会取代银行存款，从而改变银行资金的结构和成本，使银行体系从当前的"部分准备金银行"转变为"完全准备金银行"或"狭义银行"。转向以法定数字货币为中心的银行业，可以降低期限错配、银行挤兑和存款保险需求，从而促成一个更具韧性的金融体系。但是，根本性的变革过程也会给金融稳定带来风险，特别是对一些新兴市场经济体的国内金融市场造成冲击。重要的是要确保系统过渡不会导致贷款利率上升而削弱银行贷款，引起经济增长的意外放缓。因此，变革应以国际协调为前提，而国内监管者必须考虑纯粹基于"狭隘的银行业务模式"的潜力和局限性，特别是在金融市场较浅、资本准入有限的司法管辖区。

（三）议题三：**央行数字货币的安全问题**

央行数字货币安全报告的目标是建立一套评估方法以确保法定数字货币达到所需的安全保证水平。鉴于货币的重要性以及货币信任丧失可能造成的严重危害，**法定数字货币的安全保障水平应为最高级别**，主要**面临两方面挑战：一是资金驱动的数量安全，二是可视化的质量安全**。报告引入了用于确定资金水平的 USM 模型和用于增进可视性与可测量性的 UEM 模型，数字货币生态系统目标模型被划分为供给、发行、流通、支付和转换 5 个阶段，用以探讨威胁、目标和保护的关系。

二 未来展望及政策建议

全球已有超过 30 个国家开始法定数字货币的研究和试点，但是相关国际标准目前还处于起步阶段。国际电联法定数字货币焦点组的工作为未来央行数字货币在参考架构、监管和安全评估等方面的标准提供了有益参考，同时也体现出央行数字货币要想大规模应用还有许多问题亟待解决。

第一，**央行数字货币的缓慢进展为数字稳定币发展带来机遇**。2018年以来，国际清算银行、欧央行、日本银行等央行机构的相关负责人先后表达了对央行数字货币的保守态度。与此同时，国际上已有数十家金融机构和企业宣布推出自己的稳定币，尤以摩根大通银行、IBM和脸书（Facebook）市场反响最为强烈。发达国家法定数字货币的试验与推广，正在从央行数字货币转向数字稳定币。这是全球数字货币发展的重大转向，由此将对世界各国的金融安全和全球金融治理产生较大影响。

第二，**我国应该鼓励民营企业和金融机构，在央行的指导和监管下研发数字"丝路币"**。丝路币可以分为"丝路人民币"和"丝路国际币"两种。

其一，"丝路人民币"是锚定人民币的数字稳定币，可同时在国内和国际上使用，既为国内提供数字稳定币的交易和结算，还可以为"一带一路"沿线国家提供完全脱离美国控制的人民币跨境支付平台。这是"一带一路"建设促进人民币国际化、保障中国金融安全、提升中国数字经济国际竞争力的重大创新实践。

其二，"丝路国际币"是锚定特别提款权（SDR）一篮子货币的数字稳定币，可打造国际社会完全认可的超主权数字货币。这是我国在尊重国际货币体系现行规则的基础上进行的改革与创新，将为SDR转变成全球超主权货币提供一个中国试验。如果试验成功（基于中国的市场规模和"一带一路"的全球影响力，试验成功的可能性较高），不仅可以显著增强中国参与和引导全球金融治理的能力，还将为国际货币体系改革做出突破性贡献。

第三，**央行数字货币仍具有不可替代的优势，因此不应完全放弃开发分布式央行数字货币系统的选项**。央行直接发行央行数字货币并可完全掌控其生态流程，因此可以直接、高效地控制数字货币的发行量，提升货币政策执行效力（如降低有效利率下限），并更好地行使宏观审慎监管职能。而且，基于分布式技术的央行数字货币系统还可以实现新的附加功能，并不断开拓新的创新应用。如前所述，分布式系统可以提升证券结算的效率，智能合约的应用还可以促进流动性节约机制。目前，多数国家虽然对央行数字货币态度保守，但是其货币当局仍在不断研究和探索。我国也不应放弃这一选项，并应积极参与国际标准制定，保证我国法定货币体系在未来与其他国家具有兼容性和互操作性，并在新一轮国际货币竞争中占领先机。

第四，**无论是由数字稳定币还是央行数字货币主导的法定数字货币系统，都可能对现有银行体系形成一定冲击，因此需要提前做好应对风险的准备**。法定数字货币会在一定程度上取代银行存款，占用商业银行的资金流动性，迫使银行提高存款利率或调整贷款头寸，从而导致经济放缓。法定数字货币导致的广义货币为基础货币所取代，还会驱使中央银行扩大资产负债表，并调整引导信贷更有针对性地向实体经济配置。法定数字货币系统的实施还将引发新的法律问题，包括：如何将数字货币及其衍生产品纳入现有法律理论，如何更新货币发行和监管的法律规定，如何在新系统下保护公民隐私和数据安全等。银行体系、央行角色和法律框架的显著变化，可能会在短期内影响金融体系的稳定。因此，货币当局应提前评估新系统可能蕴含的潜在风险，可以考虑创建一个监管"沙盒"，在其中测试和评估不同的产品和系统，以便出台具有针对性的监管措施。同时，应加强国内各相关部门的协作以及国际金融监管合作。

（中国社会科学院世界经济与政治研究所助理研究员　宋　爽
　　中国社会科学院世界经济与政治研究所副研究员　刘东民）

IMF 改革的方向与争议

——T20 国际金融架构工作组研讨会调研综述

本文要点：国际货币基金组织（IMF）在维护全球金融稳定和世界经济发展中具有重要作用。在借款资源近期可能失效的情况下，通过份额增资扩充 IMF 资源尤为紧迫。应进一步推动 IMF 治理结构改革，提高有活力新兴市场和发展中经济体在 IMF 中的份额，同时保护低收入国家份额比例。应进一步完善 IMF 对国际资本流动的监管，特别是加强对发达经济体政策溢出效应的管理，加大对低收入国家的贷款支持力度。应进一步促进 IMF 与其他金融安全网之间的合作，发挥其稳定全球金融的作用。

2019年2月，中国社会科学院世界经济与政治研究所和波士顿大学全球发展政策中心、日本国际通货事务研究所、联合国贸发会、二十四国集团在美国波士顿联合举办了题为"国际货币基金组织（IMF）改革的二十国集团（G20）原则"研讨会。本次会议是"智库20"（T20）国际金融架构工作组的官方研讨会，旨在为G20推进IMF改革提供政策指引。

一　IMF未来改革的三个重点领域

国际货币基金组织是全球金融体系的重要支柱，其改革旨在促进IMF在预防和消减金融不稳定方面发挥更为有效的作用。

（一）扩充IMF的资源

维持IMF资源的充足性是其维护全球金融稳定、满足成员需要的重要保障。但从目前来看，IMF贷款能力面临下降的威胁。IMF的一系列双边借款安排可能会在2020年年底到期，新借款安排也可能会在2022年年底到期，在这种情况下，如果IMF没有进行份额增资，届时其可能无法拥有充足的能力应对成员潜在的流动性需求。

为维持目前的贷款能力，**IMF应首先促进份额资源的增长**。份额应居于IMF资源的核心，这对大多数发展中国家尤为重要，因为这些国家除IMF之外，无法获得其他如区域金融安排或双边货币互换安排的支持。据统计，在目前已完成的14轮份额总检查中（此外还有一次特殊份额总检查），IMF共实施了9轮份额增资，平均份额增资幅度为50.4%，其中五次份额增资幅度不到50%，只有2010年完成的第14轮份额总检查份额增资达到100%。份额资源尽管有所增长，但其增长速度仍远远落后于全球资本流动规模和波动性的增长。现在的主要问题是在第15轮份额总检查中缺少美国对份额增资的支持。

其次是**继续延期当前的借款安排**。相比份额增资，美国可能更愿意进一步支持增加新借款安排的规模以应对 IMF 资源的急剧下降。然而，借款资源虽有效增加了 IMF 的贷款能力，成为份额资源的有益补充，但它们只是临时性的。IMF 应更依赖于永久性的份额资源，降低对借款资源的依赖。

最后是**扩大特别提款权的作用和使用**，如通过经常性的特别提款权分配来补充国际储备资产的不足，但有学者指出，这需要取消 IMF 普通资金账户和特别提款权账户的区别。

（二）推进 IMF 治理结构改革

应进一步解决成员在 IMF 中的份额比例与其世界经济占比不相匹配的问题，主要是两方面的改革：一是**弥合新兴市场和发展中经济体全球产出比例与它们在 IMF 份额比例的缺口**。这一缺口近年来不断扩大，且未来仍可能会继续延续这一趋势，因此需要对份额重新调整，以支持 IMF 中有活力的新兴市场和发展中经济体份额的提高。

二是**纠正当前有缺陷的份额公式**。多数学者支持提高 GDP 在份额公式中的权重，给予基于购买力平价 GDP 更高的比例，同时降低开放度的权重。有学者提出应进一步突出人口因素在份额公式的作用。有学者认为，份额调整应保护符合减贫和增长信托基金资质成员及小型发展中国家的利益不受损害，为此应在总投票权中进一步增加基本投票权的比例。考虑当前的政治经济情况，通过外部声音（如 T20）向 IMF 改革施加压力是非常关键的。

（三）完善 IMF 职能

首先，**IMF 应进一步完善对资本账户自由化和资本流动管理措施使用的监督**，并认可资本流动管理措施为 IMF 标准工具包的一部分。国际金融危机之后，IMF 确认了资本流动管理措施的有效性，资本流动管理措施也不再是金融不稳定时期迫不得已的最后手段。有学者指出，当前贸易和投资体制建立的一系列硬法（hard laws）限制了各国对资本流动的管理。因此，G20和IMF应确保贸易、投资、金融和货币体制建立一致性的激励设计，以允许各国对资本流动进行监管，阻止和减轻金融不稳定的影响。

其次，**资本流出国家在管理资本流动性溢出方面应承担责任**。有学者研究指出，美国货币政策变化对新兴市场的资本流入具有显著影响，这再次确认了发达经济体政策对新兴市场和发展中经济体资本流动的负面溢出效应。由于溢出效应依赖于具体国家的经济情况，IMF和区域金融安排应加强对资本流动数据的监测，如建立日度频率的资本流动数据库，合作应对资本流动波动风险。

再次，**应进一步完善IMF贷款工具**。在当前脆弱性日益增加的情况下，对全球金融安全网流动性支持的需求日益上升，但当前全球金融安全网只能满足部分需求。作为全球金融安全网的核心，对IMF工具包的不均衡使用表明需要对其工具进行重新审视设计。IMF贷款的"污名"效应令人担忧，各国仍十分依赖储备资产积累，并通过增加汇率弹性等来管理日益增长的波动性和资本流动冲击。不过，IMF的灵活信贷额度（FCL）及预防性和流动性安排在应对外部风险提供预防性支持方面仍是有效的，但短期流动性互换的建议却没有被批准，这说明对在IMF贷款项目中建立一个持久性、类似保险的工具，各国还是存在担忧。

最后，**IMF应进一步加大对低收入国家的支持力度**。低收入国家流动性获取规模以及IMF针对低收入国家预防性工具的缺乏成为日益严重的不稳定来源。IMF应进一步加强对低收入国家的关注，包括预防性支持工具的可用性、贷款的获取政策、对脆弱国家的支持、对自然灾害的反应等。作为全球金融安全网核心，IMF应确保拥有为其多样化成员服务的工具包。

二 如何促进全球金融安全网的合作

国际金融危机后，全球金融安全网得到了极大完善，但其需要实现规模、可预见性及快速性的目标，目前却都未达到。在全球不同层次安全网极大发展的大背景下，加强不同层次安全网之间的合作成为完善全球金融安全网的一个重要方向。

第一，**加强IMF与区域金融安排的合作**。近年来，区域金融安排的资源规模增长迅速，并已远超IMF，但大部分学者认为区域金融安排的作用并没有得到有效发挥，其与IMF的合作也不够紧密，二者不但在安全网覆盖方面存在缺口，同时在功能合作上也存在差距。不过，二者各有优势，这成为彼此合作的基础。

有学者指出，相比IMF，东盟与中日韩宏观经济研究办公室（AMRO）的优势包括以下几个方面：其一，由于以本地区语言发布的数据要快于英语，AMRO可以提供更为及时的数据和信息发布；其二，AMRO更为关注新兴国家，经常性的国家访问使其可以更为迅速地了解当地情况变化；其三，更为周期性地进行专题性的问卷调查；其四，与地区机构（如亚洲开发银行）和学术机构保持更紧密的合作。

还有学者从拉美储备基金（FLAR）的角度，指出区域金融安排相比IMF的监督优势在于：其一，与成员进行更为顺畅的对话，可以更好地了解国家特定的经济与金融制约因素；其二，与成员更紧密的联系，使得区域金融安排可以获取一些特许和机密的信息；其三，具有整合信息的优势，可以对基于市场的成员信用风险评估形成补充。

学者们指出，**IMF与区域金融安排的合作可以分为三种形式**：一是**基于正式协议的合作**。这种合作或者不需要对区域金融安排的特定情况进行额外考虑，例如，由于IMF与清迈倡议多边化、欧洲稳定机制都拥有预防性工具，因此预防性贷款的合作就可以使用这一合作形式；或者虽然需要对区域金融安排的特定情况进行考虑，但是并不需要合作弹性以应对快速变化的环境，例如在能力建设（技术援助）上的合作等，此时二者签署谅解备忘录就可以了。

二是**基于"主导机构"模式的合作**。在这种合作模式下，需要针对区域金融安排的特定情况进行合作设计，同时还需要考虑一定的合作弹性以应对快速变化的环境，例如在事后贷款条件的合作上，如果二者存在相互补充或者合作分工的可能，此时，IMF与区域金融安排就可以开展合作，但IMF要发挥主导作用。

三是**基于连贯项目设计和独立性的合作**。IMF与区域金融安排不存在相互补充和合作分工的可能，但如果通过能力建设（贷款项目设计和监督）可以促进合作，就可以采用这种合作模式。

第二，**处理好IMF与区域金融安排之间的冲突**。两者冲突主要表现为：一是**区域金融安排与IMF在危机诊断、危机救援方案上可能出现不同**，如果二者在这方面缺乏合作，将会导致救援贷款延期风险。二是**IMF"污名"效应带来的区域金融安排的"远离效应"**。有学者指出，相比IMF，多数的区域金融安排都不存在"污名"效应，因此，在与IMF的合作中，区域金融安排就需要与IMF保持一定的"距离"，以避免"污名"效应的传染。

第三，**全球金融安全网的合作可以参考多边开发银行体系**。在多边开发银行体系中，既存在世界银行这样的全球性多边开发机构，也存在一些区域、次区域开发银行以及跨区域开发银行（如伊斯兰开发银行、亚洲基础设施投资银行），但这些机构并不受世界银行的领导，它们之间是相互独立、相互补充的。而从全球金融安全网来看，如清迈倡议多边化超过一定的资金使用就必须与IMF的贷款项目相挂钩。区域金融安排资金的使用与IMF贷款项目挂钩，这使得区域金融安排无法发挥对本地区情况熟悉的优势，损害了区域金融安排的所有权、自主权和比较优势。

三 结论与建议

世界经济虽然在缓慢复苏，但全球货币和金融体系的深层次脆弱性依然存在，完善以 IMF 为中心的全球金融安全网是维护世界经济稳定和发展的重要保障。

第一，**当前 IMF 面临着巨大挑战**。美国对 IMF 作为全球金融安全网中心角色的认可程度有所降低，转而支持双边货币互换和以美联储为中心的六国货币互换（C6）。这直接影响着美国对 IMF 资源充足性的评估、治理结构改革推动、贷款和监督职能完善。此外，在份额调整中，欧洲不愿降低它们的份额，日本也不想失去其 IMF 第二大股东的地位。这都在一定程度阻碍了 IMF 的改革进程。因此，**通过 G20（T20）施加外部压力对于推进 IMF 改革、完善全球金融安全网是十分必要的**。

第二，**扩充 IMF 的可用金融资源是未来方向**。IMF 是一个基于份额的机构，份额是 IMF 金融资源和治理结构的基石。但从目前来看，借款资源已经占到 IMF 金融资源的一半以上，并在近期面临失效风险。因此，G20 应按照承诺，在 IMF 春季会议前或不晚于 2019 年年会完成第 15 轮份额总检查，并进行份额增资。份额增资往往伴随着份额转移，所以应**进一步改革份额公式**，从而使成员在 IMF 中的份额比例与当前的世界经济格局相适应，应**提高 GDP 在份额公式中的权重，降低开放度的权重**。在份额调整过程中，要避免低收入国家份额进一步下降。

第三，**进一步完善 IMF 的监督职能**。2019 年，IMF 将开展全面监督检查工作，风险和溢出效应、宏观金融监督、结构性政策建议等是其工作的重点。针对资本流动，在 IMF 以往工作的基础上，应进一步加强对发达经济体政策溢出效应的监督和管理，同时加强国际政策协调，确保贸易和投资体制提供更为充裕的政策空间以便于各国或国际合作进行资本流动管理。IMF还应进一步加强对低收入国家的关注，特别是**在贷款获取和预防性工具设计上进一步加大对低收入国家的支持**。

第四，**G20应继续重申IMF在全球多边体系中的重要支柱作用**。尽管区域金融安排、双边货币互换等其他层次金融安全网近期获得快速发展，在资源规模上甚至超过IMF，但IMF无论是在成员的广泛性，还是在流动性提供的可预见性等方面仍是最为可靠的保障。**应以IMF为核心促进全球金融安全网的合作与完善**。近年来，G20和IMF都提出了一些IMF与其他金融安全网（特别是区域金融安排）合作的原则。未来应以这些原则为基础，以更为灵活的方式考虑地区特点，充分尊重不同机构的作用、独立性和决策机制，充分发挥不同机构治理结构、监督、救援项目设计、贷款条件的多样性和互补性，共同维护世界经济与金融稳定。

（中国社会科学院世界经济与政治研究所副研究员　熊爱宗）

油气行业转型的关键：
绿色低碳与数字化

——伦敦国际石油周会议调研与总结

本文要点：英国能源学会主办的国际石油周会议是全球油气行业标志性活动之一，围绕"地缘政治、可持续发展和技术"主题，与会者形成了一些共识：一是"认知危机"的存在将使油气市场波动性进一步加大；二是天然气与新能源有机融合加速能源转型；三是欧洲致力于发掘安全、充足的能源供应；四是中国和印度将成为未来石油和天然气贸易的主要流向，液化天然气贸易将成为增速最快、增量最大的能源贸易业务；五是数字化、区块链等新技术将引领油气产业链转型升级。

国际石油周会议于2019年2月在英国伦敦召开，该会议是全球油气行业标志性活动之一，由英国能源学会主办，在欧洲、中东和非洲地区具有较大影响力。本届会议的主题是"地缘政治、可持续发展和技术"。参会代表来自50多个国家，包括国际机构、石油公司、贸易公司、学术机构等200多个组织和公司的1500多名油气产业链领域的高管和专业人士。在30多场主旨演讲、研讨会和圆桌会议中，90余人做了发言及讨论。与会者关注的焦点话题包括地缘政治、油气产业未来趋势、气候变化与能源转型、数字化和区块链等新技术应用前景等。

一 地缘政治不确定性导致市场不稳定

沙特阿拉伯国家石油公司的专家认为，**各国面临着多个利益相关者的"认知危机"**。高油价只会强化人们对石油工业的认可度，而能源危机又让人们感到化石能源枯竭的恐慌，这极大影响了投资与供应的结果，这种不确定性使得任何一种精确的市场预测都不可能实现，因为大多数预测都基于假定政府的政策、技术和社会偏好与过去情况相似。

供应方面最重要的地缘政治变数诱因来自美国。美国现在是世界上最大的石油生产国，日产量约为1170万桶，2018年增长了14%。随着2019年下半年二叠盆地管道吞吐能力限制的缓解，美国对全球石油市场的影响将进一步加大。这种供应前景也将影响欧佩克的决策。至于需求方面，全球经济疲软、中国经济增速变化以及围绕贸易战的紧张局势正在削弱石油需求的势头。有些自相矛盾的是，在一个看似供大于求的时代，**石油行业仍然面临"供应紧缩"的可能性**，这种潜在的风险会引发价格剧烈波动。

石油价格体现对市场不平衡的反应，**大部分参会人士预估2019年平均油价在60—70美元/桶的区间**。国际能源署资深分析师佩格认为，美国对委内瑞拉的制裁将导致原油供应出现品质问题而非数量问题，即结构性问题。即使欧佩克减产以及美国对委内瑞拉和伊朗实施制裁，石油市场仍在消化2018年下半年累积的过剩产量，因而即使委内瑞拉出现动荡，美国西得克萨斯轻质原油（WTI）仍维持在近60美元/桶的水平。

国际能源署的专家认为，原油供给侧主要受美国等非欧佩克国家影响，欧佩克因伊朗和委内瑞拉的产量下降削弱了其对石油市场影响力量，**美国将扮演更加重要的角色**。从需求来看，对于石油的需求或将有所增长，然后逐渐平稳，2019年全球原油需求将增加1400千桶/天，但是汽油增势明显下降。短期来看，全球对欧佩克原油的需求将减少，对美国等非欧佩克国家的原油需求将增加，"欧佩克+"联盟决定在2019年上半年每天减产120万桶原油，非欧佩克国家在上半年将减产195万桶/天，旨在提振油价。**从长远来看，随着美国致密油产量的下滑，欧佩克产量必将增长**。

中国石油政策研究室的专家王震认为，随着我国经济持续增长和能源需求不断上升，我国石油对外依存度仍会保持高水平，天然气对外依存度也会快速上升，**"一带一路"沿线国家油气资源禀赋高，与中国的能源需求非常契合，对中国能源安全保障的重要性不断上升**。此外，为构建清洁低碳安全高效的现代能源体系，除了加大国际能源合作外，中国始终坚持"减煤、稳油、增气、提效，大力发展可再生能源"的战略，将大力提升国内勘探开发力度，加快天然气产供储销体系建设。

石油市场的波动势必影响石油公司的利润，但**从交易角度看，价格波动也代表着贸易机会**。以挪威石油公司为例，其在大西洋盆地、挪威近海、墨西哥湾、巴西和西非等地拥有很多航运、仓储设施股权份额，在动荡的油价环境下，采取资产支持交易的模式降低风险，也就是运用航运、仓库、码头或管道等进行综合交易,可以从不同地理、时间和质量套利中获取利润。挪威石油在休斯敦成立了原油交易团队,从美国原油出口增长中获利。

二 绿色低碳与数字化是能源转型关键

(一)天然气与新能源融合发展,能源转型步伐加快

国际各大石油公司的投资逐渐向低碳发展型方向流入,纷纷呼吁各国政府通过税收调整、碳定价机制等鼓励天然气发展。壳牌能源公司执行副总裁斯蒂夫认为,到2025年,油气将贡献世界能源需求的77%,而其中天然气将达到40%。英国石油公司(BP)发布的2019年能源展望预计,**至2040年,在所有一次能源结构中,需求增长最大的燃料是天然气**,能源供应增长的85%来自可再生能源和天然气。挪威石油公司构建了天然气发展线路图,预计2020年天然气将在交通、取暖和电力领域取代高碳燃料,使二氧化碳排放减少20%;2030年天然气将和新能源融合,二氧化碳排放减少40%;2050年天然气将与氢能源和可再生能源发电有机融合,二氧化碳排放减少95%。沙特阿美在未来十年将通过投资国内外天然气业务,目标成为天然气出口国。

由于天然气具有成本竞争力,而且碳含量相对较低,近年来需求一直在稳步增长,特别是液化天然气(LNG)发展迅速,带动运输业和贸易业繁荣。天然气不仅是燃料,更是对可再生能源的极好补充。天然气分布式发电将实现与氢能源、风电等新能源的有机融合与互补,迎来天然气大发展,加速能源转型。未来能源要兼具安全、高价值和低碳三种属性,相当长的一段时间里,**天然气在能源结构中将发挥更大的作用**。

随着天然气需求增长,特别是LNG**的运输便利性迎来其快速增长**。BP预计,受全球需求增长强劲以及卡塔尔、美国供应增加的推动,全球LNG贸易量将从2017年的3900亿立方米增至2040

年的8710亿立方米。从供给来看，中东LNG出口将从1230亿立方米上升到2270亿立方米，北美LNG出口从170亿立方米跃升至2070亿立方米。挪威雷斯塔能源公司（Rystad Energy）认为，未来几年，LNG的供需增长将提高货物和海运的吨级规模，2022—2024年，预计LNG供应紧张，但随着项目陆续获批可缓解这一局面，大约1.4亿吨的计划产量将在北美建成；到2030年，LNG需求将从目前的每年3.16亿吨上升到5.9亿吨。诺瓦泰克公司首席财务官卡里莫夫在表示，俄罗斯作为最大的天然气出口国和第二大生产国，约占全球LNG供应量的5%，正准备从三个出口领域推进LNG生产计划，预计俄罗斯在未来十年LNG供应量份额将上升到15%，从2022年开始，LNG供应将大量增长。

（二）能源多样性和气候变化受到普遍关注，各大石油公司在低碳可持续发展、环境责任、新能源方面都有远大"抱负"

本届会议主要着眼于"更多的能源，更少的碳排放"，为了实现温室气体减排和能源获取目标，石油公司积极拓展多样化能源领域，将大量投资转向整合电力系统。

可再生能源的发展是减少碳排放的根本方式。本届会议敦促各国政府发挥积极作用，融入应对全球变暖的战略行动。欧洲各国碳排放显著降低，英国温室气体排放量在过去七年中减少了32%。石油和天然气气候倡议组织首席执行官则强调加入该组织的13家公司聚焦低碳项目投资，最近正在开展投资英国首个全产业链碳捕获、利用与封存（CCUS）项目的可行性研究。

埃克森美孚、BP从更加关注气候变化、低碳可持续发展出发，认为世界将**面临双重挑战：生产更多的能源以满足世界的需求，但同时要排放更少的碳**。BP对"双重挑战"进行了更为详细的讨论，认为到2040年可再生能源将成为全球电力的最大来源，渗透到全球能源系统中的速度比历史上任何燃料都要快。世界将持续电气化，电力部门将占一次能源增量的3/4左右，并且随着车辆效率的提高,交通运输需求的增长相对于过去大幅放缓,在全自动汽车和共享交通服务比重日益提高的情景下,到 2040 年,以电力为动力的乘用车公里比例将增至 25%左右。壳牌、道达尔和 BP 作为总部位于欧洲的国际石油公司,更加倾向能源供应多样化,正在加大投资天然气、风能、太阳能、生物燃料、生物质、氢、碳捕获利用和储存等领域。道达尔的雄心壮志是成为"负责任的能源企业",引入碳强度指标衡量产品,目标是在五年内生产超过 10 千兆瓦的低碳电力,20 年后的投资组合中拥有大约 20%的低碳电力,到 2040 年将碳密度降低 25%—35%。沙特阿拉伯国家石油公司、挪威石油通过收购等方式,发展电力业务,以期从电力和天然气的波动和价格差异中获取利润。

(三)数字化、区块链技术加速发展

与会者认为技术创新、数字化、区块链的发展将带来油气产业链的巨大变革,将进一步推动油气生产成本的降低和贸易效率的提升以及贸易方式的创新。埃克森美孚、BP、壳牌、道达尔等大石油公司认为未来数字化技术将解决油气产业遇到的难题,这些公司致力于将人工智能、数字化技术应用于全产业链各环节,可大幅提高油气生产效率、降低成本。BP 认为,在能源行业,量子计算、人工智能和区块链等技术将带来惊人的进步。将区块链技术应用到油气贸易业务中,跨境贸易各环节的各参与方均可接入区块链平台,通过智能合约的应用实现数字化资产或智能资产的转型,实现贸易交易方式和贸易效率的极大提升。

(四)亚洲市场受到广泛关注

世界经济增长由中国和印度等新兴经济体引领,油气需求的增量很大程度上也在亚洲,尤其来自中国和印度日益壮大的中产阶层生活水平不断提高的推动。随着能源需求持续上升,亚洲市场受到广泛关注,成为主要增量市场,到 2040 年,全球能源需求可能会增长超过 30%,其中,增量的 1/3 主要来自亚洲,**中国和**

印度将成为石油和天然气贸易的主要流向地。到2030年，LNG需求的72%来自亚洲，主要是电力、工业和居民用户需求。与会专家认为中国的LNG进口量将从2017年的530亿立方米上升到2040年的1390亿立方米，印度将从2017年的260亿立方米上升到2040年的1120亿立方米。

三 启示与建议

第一，**充分利用国际性交流平台，提升我国能源行业话语权**。此次会议中国专家受邀发表主题演讲，参与多场会见交流，积极发声，产生强烈反响，取得较好效果。通过把中国声音、中国市场带入国际能源界，争取国际能源市场话语权，积极宣传中国企业发展理念，对提升我国企业国际化形象，增加软实力的作用明显。建议中国企业和智库机构积极参加伦敦国际石油周等重要能源会议，持续跟踪并认真筹划会议活动，踊跃参与会后交流活动，准确把脉行业发展趋势，寻求发展机会，丰富参会成果。

第二，**善于发挥中国的市场优势，营造良好市场环境**。中国经济持续保持中高速增长，是驱动世界经济增长的主要引擎，对全球油气市场供需影响显著。我们要善于用好这一市场优势，持续推进油气行业市场化改革，大力发展石油天然气衍生品市场，加快建立信息发布机制，构建稳定的能源伙伴，推动完善国际能源治理机制，提升我国在国际能源市场竞争力。

第三，**大力发展天然气业务，提升供应保障能力**。随着我国碳减排、环境税等市场化减排机制的推进，天然气作为最清洁化石能源的市场优势愈加明显。其一，加快国内天然气勘探投资，实现页岩气规模化商业化开采，推动国内天然气产量迈上新台阶。其二，积极参与海外天然气勘探开发项目，战略性布局国际LNG项目，形成稳定可持续的资源保障体系。其三，推动管网和储气库等基础设施建设,加强互联互通,增强调峰和应急能力。

第四,顺应能源变革趋势,推进绿色低碳发展。研判未来能源发展,转变传统生产、供应以及商业模式,全面加快绿色低碳进程。着力构建全方位、全产业链的绿色发展体系,加大在CCUS领域的科研投入,推动减少碳排放,在实现自身承诺目标基础上,与国际先进水平开展对标,进一步与国际接轨。大力推进新能源业务,积极发展可燃冰、氢能、地热、生物质能源等领域,加快储能技术研发,促进能源结构转型升级。

第五,以技术创新为抓手,提升全产业链效率效益。加大瓶颈技术和新技术的投入力度和成果转化步伐,强化科技人员激励,推动能源行业由投资和要素驱动向创新驱动转变;数字化是第四次工业革命的核心内容,要推动国有企业实现以数字化、智能化为核心的转型发展,要重新认识数据概念,做好数据管理顶层设计,抓好数字化、智能化项目试点;此外,还应积极探索区块链技术的应用。

(中国石油经济技术研究院教授 王 震
中国石油经济技术研究院高级经济师 林晓红)